Wirtschaftsstandort Recklinghausen

Chancen und Perspektiven einer Stadt

Europäischer Wirtschafts Verlag
Stadt Recklinghausen
1999

Sehr geehrte Damen und Herren,

Weltweit konkurrieren die Städte heute um die Gunst der Investoren. Dabei wird es immer wichtiger, sich von anderen Wirtschaftsstandorten durch seine standorteigenen Vorteile positiv zu unterscheiden. Jeder Unternehmensstandort in Deutschland bietet spezielle Vorteile für die Ansiedlung von neuen Betrieben und nationalen und internationalen Investoren. In der Vielzahl von miteinander konkurrierenden Regionen liegt auch die Chance einer Stadt, durch besondere Qualifikationen die Entscheidung zur Standortwahl positiv für sich zu beeinflussen.

Recklinghausen, das traditionsreiche Mitglied der Hanse, war in der jüngeren Vergangenheit vor allem durch den Bergbau geprägt. Mit der Kohle kamen Unternehmen der Stahlherstellungs- und Metallverarbeitungsindustrie. Und als gegen Ende der 50er Jahre abzusehen war, daß infolge der Globalisierung und der Erschließung neuer Energiequellen die Steinkohle an Bedeutung verlieren würde, begann eine, oft schmerzvoll empfundene Zeit des Umbruchs. Recklinghausen hat diese Herausforderung in anerkennenswerter Weise gemeistert. Ein großer Teil der unter Tage weggefallenen Arbeitsplätze wurde durch neu angesiedelte Unternehmen kompensiert. Mit zweistelligen Zuwachsraten besonders stark gewachsen ist die Dienstleistungsbranche, in der in den vergangenen zehn Jahren rund 1.400 Arbeitsplätze entstanden sind.

Recklinghausen ist dabei zu einem wichtigen Standort der Informationstechnik geworden. Mehr als 200 Unternehmen, von der Telekommunikation über Soft- und Hardware bis zu Multimedia und Netzwerktechnik tummeln sich hier – Hersteller, Händler sowie Dienstleister.

Dieses Buch will dem interessierten Leser Recklinghausen aus verschiedenen Perspektiven näher bringen. Es beleuchtet die wesentlichen, wirtschaftlich relevanten Faktoren und portraitiert neben einer repräsentativen Auswahl von in Recklinghausen ansässigen Unternehmen ebenso Kultur, Kunst und Landschaft. Denn der Standort ist auch durch ein attraktives Freizeit- und Kulturangebot geprägt. Weit über Deutschland hinaus ist Recklinghausen als Stadt der Ruhrfestspiele bekannt, die regelmäßig den Duft der großen, weiten Theaterwelt ins Revier bringen.

Dieses in Zusammenarbeit mit der Stadt Recklinghausen entstandene Werk soll neben dem informativen und unterhaltenden Stellenwert auch eine praktische Aufgabe erfüllen. Es soll Kooperationen und neue Geschäftskontakte mit den in diesem Buch präsentierten Firmen und Ihnen als Leser dieses Werkes fördern.

Das Buch ist ein wichtiger Bestandteil des bundesweiten Standardwerkes zu deutschen Wirtschaftsregionen und international auch im Internet unter der Adresse „www.standort-deutschland.com“ präsent.

Möglicherweise ist Recklinghausen ja auch Ihr „Unternehmensstandort der Zukunft“?!

Christian Kirk
Vorstandsvorsitzender der
MEDIEN GRUPPE KIRK HOLDING AG

Sehr geehrte Damen und Herren,

Nordrhein-Westfalen ist mit fast 18 Millionen Menschen das einwohnerstärkste Bundesland. Auf 7,4 Millionen Arbeitsplätzen in 633.000 Unternehmen wird jährlich ein volkswirtschaftliches Einkommen von 800 Milliarden DM erwirtschaftet. Nordrhein-Westfalen ist der zentrale europäische Marktplatz mit ausgeprägten Beziehungen zu den Nachbarstaaten in der Europäischen Union.

In unserem vielfältigen Land findet man alles, was heute eine moderne Wirtschaft ausmacht. Deshalb ergibt sich die Attraktivität Nordrhein-Westfalens auch nicht allein aus schierer Größe, sondern aus vielen Facetten, wie den Besonderheiten seiner Teilregionen und seiner ausdifferenzierten Wirtschaftsstruktur, die von der traditionellen Montan- bis zur hochinnovativen High-tech-Schmiede alles umfaßt.

Der Anteil der Industriebeschäftigten liegt in kaum einem Kreis in Nordrhein-Westfalen unter 50 %, und das Ruhrgebiet gilt auch heute noch als der industrielle Kern des Landes. Das Ruhrgebiet hat indes inzwischen 60 % Beschäftigte in Dienstleistungsberufen. Nach vierzig Jahren der intensiven Modernisierung ist es mittlerweile den Herausforderungen einer globalisierten Wirtschaft gewachsen und so wird es durch Innovation, Qualifikation, Nachhaltigkeit und eine erstklassige Infrastruktur die Brücke in das 21. Jahrhundert bauen.

Recklinghausen ist Teil des Ruhrgebietes. Es hat aber eine Geschichte, die weit über den Beginn der Industrialisierung zurück reicht. Seine Stadtrechte stammen schon aus dem 13. Jahrhundert. So kann man heute gleichermaßen von den Vorzügen einer alten ehrwürdigen Stadt mit ihrem besonderen urbanen Charakter und einer Industriestadt profitieren.

Diese Grenzsituation macht sich auch an der Umgebung der Stadt deutlich. Im Norden das Münsterland mit seinen weiten Flächen, die zum Fahrradfahren oder anderen Arten der Erholung einladen. Und im Süden das den Recklinghäusern weniger der Erholung als vielmehr der Arbeit, dem Einkaufen und dem Freizeitvergnügen dienende Ruhrgebiet, sofern sie jene Angebote nicht wahrnehmen möchten, die die Stadt selbst bietet..

Die Raumplaner nennen Recklinghausen mit seinen rund 126.000 Einwohnern einen zentralen Ort. Er ist Mittelpunkt eines Einzugsgebietes von etwa 655.000 Einwohnern. Wer den freundlichen, manchmal etwas kleinstädtischen Charakter der Stadt erlebt, sollte sich also nicht täuschen lassen: Recklinghausen bietet Standortvoraussetzungen, die manche Großstadt nicht bieten kann. Die vielen potentiellen Kunden in unmittelbarer Nachbarschaft, qualifiziertes Personal, eine eigene Fachhochschulabteilung, ausreichend Gewerbeflächen mit optimaler Verkehrsanbindung, IC-Haltepunkt, gerade 65 km bis zum nächsten internationalen Flughafen Düsseldorf oder 40 km zum Regionalflughafen Dortmund-Wickede, beste Autobahnanbindung zu wichtigen Routen in alle Himmelsrichtungen, erstklassige kulturelle Ereignisse wie die Ruhrfestspiele – verbunden mit günstigen Förderkonditionen, die das Land bietet.

Hieraus ergibt sich ein rundes und abgestimmtes Paket von Standortbedingungen, das dieser Stadt eine feste Basis bietet. Deshalb bin ich sicher, daß die Wirtschaft in Recklinghausen und mit ihr die Bürgerinnen und Bürger dieser Stadt gute Aussichten für die Zukunft haben.

Peer Steinbrück
Minister für Wirtschaft und Mittelstand,
Technologie und Verkehr
des Landes Nordrhein-Westfalen

Wirtschaftsstandort Recklinghausen

Recklinghausen – die etwas andere Ruhrgebietsstadt nutzt ihre Zukunftschancen

Recklinghausen ist eine Stadt im Umbruch. Dies deutet einerseits auf vorhandene Probleme hin, andererseits bedeutet es jedoch vor allem, daß eine Mobilisierung aller Kräfte stattfindet, die Zukunftschancen eröffnet. Das macht die Stadt interessant für Unternehmen, die neue Standorte suchen.

Recklinghausen bietet: eine hervorragende Anbindung an die wichtigsten Verkehrswege, ein bevölkerungsreiches Einzugsgebiet, bestens qualifizierte Fachkräfte, hervorragende Bildungs-, Freizeit- und Kultureinrichtungen. Hinzu kommen ein hoher Wohnwert und das besondere Profil einer Stadt, die alle Vorzüge des Ruhrgebiets mit denen des Münsterlandes vereint.

Diese Aussagen müssen – und können – selbstverständlich durch Zahlen und Fakten belegt werden, um nachhaltige Aufmerksamkeit für diesen Standort zu erzielen und Skeptiker zu überzeugen. Doch statt einer Auflistung trockener Zahlen und Fakten soll ein etwas farbigeres Bild der Stadt erste Eindrücke vermitteln.

Die Bürgerinnen und Bürger Recklinghausens leben gerne in ihrer Stadt. Sie schätzen die anheimelnde, aber lebendige Atmosphäre der Altstadt, die Eigenständigkeit der Stadtteile, die Erholungsmöglichkeiten am Stadtrand und in den Stadtteilparks – und nicht zuletzt die vielfältigen Angebote der städtischen Infrastruktur.

Der Altstadtmarkt, einer der wichtigen Einzelhandelsstandorte in der Stadt.

Wolfgang Pantförder

Der Autor wurde 1950 in Recklinghausen geboren. Von 1964 bis 1971 war er bei der Kreisverwaltung Recklinghausen tätig und absolvierte eine Ausbildung und Tätigkeit als Kommunalbeamter. Es schlossen sich von 1971 bis 1974 ein Studium der Betriebswirtschaft in Münster mit dem Abschluß als Betriebswirt und von 1974 bis 1976 ein Studium der Rechtswissenschaft und Pädagogik in Bochum an. Nach einer zweijährigen Referendarzeit legte er 1979 das Staatsexamen für das Lehramt an berufsbildenden Schulen ab. Seitdem war Wolfgang Pantförder Lehrer an der Kollegschule Kuniberg in Recklinghausen.
Am 1. Oktober 1999 wurde er in einer Direktwahl im 1. Wahlgang zum hauptamtlichen Bürgermeister der Stadt Recklinghausen gewählt. Wolfgang Pantförder ist seit 1970 Mitglied der CDU und seit 1994 Stadtverbandsvorsitzender seiner Partei in Recklinghausen.
Von 1975 bis 1999 war er Mitglied des Rates der Stadt Recklinghausen, von 1989 bis 1994 Vorsitzender der CDU-Ratsfraktion, von 1979 bis 1999 Mitglied des Kreistages Recklinghausen, von 1994 bis 1999 Vorsitzender der CDU-Kreistagsfraktion, von 1979 bis 1999 Mitglied der Verbandsversammlung Kommunalverband Ruhrgebiet und von 1994 bis 1999 Vorsitzender der CDU-Fraktion in der KVR-Verbandsversammlung.

Der Nordwesten von Recklinghausen, die Brücke zum Münsterland.

Es gibt ausreichend Plätze in 59 Tageseinrichtungen für Kinder. 22 Grundschulen in den Wohngebieten, drei Haupt-, vier Real- drei Gesamtschulen, fünf Gymnasien, drei Kollegschulen, zwei Berufs- und Fachschulen sowie vier Sonderschulen decken das gesamte Spektrum schulischer Bildungsmöglichkeiten ab.

Die im Oktober 1999 offiziell eröffnete Abteilung der Fachhochschule Gelsenkirchen bietet über die traditionellen Fachrichtungen wie etwa der Wirtschaftswissenschaften hinaus Neues im Studienplan, so z. B. Beratung für Familienunternehmen. Bei voller Ausnutzung der vorhandenen Kapazitäten rechnen Rektor und Kanzler der Fachhochschule an ihrer Recklinghäuser Abteilung mit gut 2.000 Studierenden.

Natürlich gibt es weitere Bildungsmöglichkeiten. Zu den städtischen Einrichtungen gehören die Stadtbücherei mit ihrer ebenfalls im Oktober neu bezogenen Zweigstelle in Recklinghausen-Süd und dem Bücherbus, die Volkshochschule, die Musikschule, das Vestische Archiv/Stadtarchiv und die Westfälische Volkssternwarte.

Kirchliche und freie Träger bieten ebenfalls Kurse und Seminare an, das Forschungsinstitut für Arbeiterbildung ist eine anerkannte Gemeinschaftseinrichtung von Stadt, Gewerkschaften, Land und Ruhr-Universität Bochum. Kuriositätenwert hat das private „Seefahrtsmuseum“ in Recklinghausen-Suderwich.

Freizeit und Sport kommen in Recklinghausen nicht zu kurz. Zwei Hallen- und drei Freibäder, 36 Sportplätze und 46 Sporthallen, 8 Tennishallen und 6 Tennisanlagen, Squash und Badminton, 18-Loch-Golfplatz, 2 Reithallen, eine breit gefächerte Kneipenszene für jeden Geschmack, Cineworld mit 7 Leinwänden, Trabrennbahn, Theaterangebot – vor allem das Europäische Festival/Ruhrfestspiele –, und Konzerte der hier ansässigen Neuen Philharmonie Westfalen lassen keine Wünsche offen.

Wer die stille Erholung liebt, findet sie in 229 ha Wald und auf 442 ha Park- und Grünanlagen. Der historische Stadtgarten bildet den Übergang von der Innenstadt zum Landschaftsbereich Mollbeck, der wiederum die Brücke zum Naturschutzgebiet Hohe Mark mit den Wäldern der Haard nordwestlich von Oer-Erkenschwick bildet. Der kleine Erlbruchpark hinter dem Rathaus, der größere Stadtteilpark Süd, der Schimmelsheider Park in Röllinghausen, die Waldgebiete Hohenhorst auf der Hillerheide oder Brandheide bei Suderwich sind beliebte Ziele am Wochenende.

Einkaufen „in der Stadt“ bedeutet für viele Menschen aus dem Umland Einkaufen in Recklinghausen. Kein Wunder, bieten doch 835 Einzelhandels- und Ladenhandwerksbetriebe eine Ver-

American Football – ein immer beliebter werdender Sport.

Das Herz der Stadt, der Altstadtmarkt, Kreuzungspunkt aller Einkaufswege.

kaufsfläche von 230.000 m², auf denen vom täglichen bis zum gehobenen Bedarf eine überzeugende Auswahl geboten wird.

Allein im Bereich der historischen Wälle, die den Verlauf der – auf 200 m noch erhaltenen – mittelalterlichen Stadtbefestigung nachzeichnen, laden 350 Betriebe mit 88.000 qm Verkaufsfläche zum Flanieren, Schauen und Finden ein. Ein Einkaufserlebnis, das gegenüber künstlich angelegten Konsumzentren den Vorteil gewachsener und gepflegter Gassen, Straßen, Plätze und Fassaden bietet. Parkmöglichkeiten stehen ausreichend zur Verfügung, der öffentliche Personennahverkehr findet seinen zentralen Punkt im neu gestalteten Busbahnhof.

Als Sitz zweier Landeseinrichtungen – der aus allen Nähten platzenden Justizakademie und der wichtigsten Umweltinstitution des Landes, der Landesanstalt für Ökologie, Bodenordnung und Forstwirtschaft/Landesamt für Agrarordnung – sowie der Abteilung Recklinghausen der Fachhochschule Gelsenkirchen, der Verwaltung des mit rund 650.000 Einwohnern bevölkerungsreichsten Kreises Deutschlands und mit seiner traditionellen Rolle als der Einkaufsstadt im nördlichen Ruhrgebiet hat Recklinghausen seine zentrale Funktion im Emscher-Lippe-Raum behauptet und ausgebaut. Dies zeigt sich ebenso in der Resonanz, die die überregional anerkannten kulturellen Institutionen Ruhrfestspiele und Ikonen-Museum erreichen.

Seit 1947 ist Recklinghausen die Stadt der Ruhrfestspiele, die mit ihren Eigeninszenierungen in den 50er und 60er Jahren als einmaliges Gemeinschaftswerk von Gewerkschaften und Künstlern deutsche Theater- und Kulturgeschichte schrieben und heute als „Europäisches Festival“ im Sommer Zehntausende begeistern. In der zweimonatigen Festspielzeit im Mai/Juni bietet die Festivalleitung an die 100 Aufführungen von bis zu zwei Dutzend unterschiedlichen Produktionen aus allen Sparten an. Im Mittelpunkt steht das Schauspiel, doch kommen Konzerte, Musical, Performances und sogar außergewöhnliche Projekte wie Zingaros „Pferde-Oper“ nicht zu kurz.

Einmaligkeit kann auch das Ikonen-Museum für sich beanspruchen, zeigt es doch die umfangreichste und qualitätvollste Sammlung koptischer und orthodoxer Kunst in Westeuropa. 1956 legte die Stadt durch Ankauf einer Privatsammlung und deren Ausstellung in einem alten Schulgebäude nahe St. Peter den Grundstock des Museums, in dem heute an die 700 Ikonen, Stickereien, Miniaturen, Holz- und Metallarbeiten aus Rußland, Griechenland und anderen Balkanstaaten einen umfassenden Überblick über die vielfältigen Themen und die stilistische Entwicklung der Ikonenmalerei und der Kleinkunst im christlichen Osten bieten. Hinzu kommt eine koptische Abteilung, die den Übergang von der heidnischen

Zukunftsvisionen anno 1900.

Spätantike zum frühen Christentum in Ägypten mit hervorragenden Werken dokumentiert.

Die Städtische Kunsthalle, in der alle zwei Jahre der renommierte Kunstpreis „junger westen“ vergeben wird, widmet sich der Kunst des 20. Jahrhunderts. Zum Eigenbesitz zählen Werke der Mitglieder der hier gegründeten Künstlergruppe „junger westen“ – Gustav Deppe, Thomas Grochowiak, Emil Schumacher, Heinrich Siepmann, Hans Werdehausen, Ernst Herrmanns – sowie weiterer bekannter deutscher Künstler. Mehrere Wechselausstellungen – darunter die jährliche Ausstellung zu den Ruhrfestspielen – zeigen Tendenzen zeitgenössischer Kunst.

Das Vestische Museum dokumentiert nicht nur die Stadt- und Regionalgeschichte in anschaulichen „Szenarien“, sondern beherbergt zugleich die größte Sammlung „Naiver Kunst“, die es im Ruhrgebiet gibt.

Neuer Busbahnhof in Recklinghausen.

Recklinghausen ist eine Stadt, die sich selbstbewußt im Auf und Nieder der Geschichte behauptet hat. Die Menschen hier sind bodenständig, pragmatisch, traditionsbewußt - aber auch offen, flexibel und den Anforderungen gewachsen, die der sich beschleunigende Strukturwandel stellt.

Politik und Verwaltung der Stadt sind Partner der Wirtschaft. Das war so und bleibt so, im Interesse aller hier arbeitenden und lebenden Menschen. Die Entwicklung der Stadt ist nicht abgeschlossen, und um der eigenen Chancen willen bietet Recklinghausen ansiedlungswilligen und expandierenden Unternehmen beste Möglichkeiten, an dieser Entwicklung zu partizipieren, zum eigenen Vorteil und zum Gedeihen der Stadt.

Die geographisch bedingten Vorzüge der Stadt, die ihr wirtschaftliches Gedeihen ermöglichten, zeigen sich heute noch und machen den Wirtschaftsstandort Recklinghausen attraktiv: Auf Recklinghäuser Stadtgebiet kreuzen sich mit der A 2 Hannover-Oberhausen und der A 43 Münster-Wuppertal die mittlerweile wichtigste deutsche Ost-West- mit einer bedeutsamen Nord-Süd-Verbindung. Die Stadt ist darüber hinaus IC-Halt sowie Eisenbahnknotenpunkt und liegt nahe am größten Kanalkreuz Deutschlands, alle wichtigen Transportwege für Güter sind somit vorhanden. Das macht Recklinghausen zu einem attraktiven Standort für Logistikunternehmen, aber auch für Produktionsfirmen mit größerem Kundenkreis. Der internationale Flughafen Düsseldorf ist 65 km entfernt, der Regionalflughafen Dortmund etwa 40 km.

Diese günstige Lage – hier kreuzten sich schon in der Eisenzeit wichtige Handelswege – hatte um 800 Kaiser Karl den Großen veranlaßt, auf dem Vestischen Höhenrücken einen Wirtschaftshof als Stützpunkt anzulegen. Aus dem „Reichshof“ entwickelte sich die Ansiedlung „Ricoldinchuson“, namentlich 1017 urkundlich belegt und 1236 von seinem Lehnsherren mit der schriftlichen Bestätigung der vollen Stadtrechte für treue Dienste belohnt.

Vom 12. Jahrhundert bis zu Napoleons Reformen 1802 war Recklinghausen kurfürstliches Verwaltungszentrum für das Gebiet zwischen Lippe und Emscher, das als „Vest Recklinghausen“ zu den Besitztümern des Kölner Erzbistums zählte. Der Schlüssel Petri im Stadtwappen verweist auf die über 600 Jahre bestehende Verbindung zu Köln. Noch die Kommunalreform 1975 bestätigte die zentrale Funktion der Stadt, als sie Verwaltungssitz des gleichnamigen Kreises wurde.

Seit dem Sommer 1999 hat die Heimatstadt von Ralf Möller ihr Multiplex-Kino: die „Cineworld“ Recklinghausen.

Das im September 1999 eröffnete Stadthaus Süd bietet den Süder Einwohnern der Stadt einen schnelleren Zugang zur Stadtverwaltung.

Rund 3.000 Menschen fühlten sich Ende des 16. Jahrhunderts im etwa 600 m durchmessenden, heute an den Wallstraßen noch ablesbaren Rund der Stadtmauern wohl und geborgen. Sie ernährten sich von Ackerbau und Viehhaltung; die Herstellung und der Verkauf von Weberzeugnissen, Tuchwaren und Schmiedeeisen bis nach Livland brachte ihnen einen gewissen Wohlstand. 300 Jahre lang war Recklinghausen Hansestadt, dann setzten die Wirren des 30jährigen Krieges dieser wirtschaftlichen Blütezeit ein jähes Ende. Weitere Kriege auf vestischem Boden, Pest und Brände beschleunigten den Abstieg. Als Recklinghausen 1814 preußisch wurde, hatte die Stadt gerade noch 1.800 Einwohner.

1858 zählten die Behörden zwar bereits wieder 4.201 Bürgerinnen und Bürger, doch machte erst der im 19. Jahrhundert expandierende Bergbau Recklinghausen groß. 1869 begann eine belgische Gesellschaft mit der Anlage des ersten Tiefschachtes auf Recklinghäuser Stadtgebiet. Bei Aufnahme der ersten Kohleförderung 1875 lebten 5.986 Menschen hier.

Der Bergbau ließ die Stadt rapide wachsen, die Schachtanlagen waren Grundlage und Bestimmungsgröße der wirtschaftlichen und städtebaulichen Entwicklung. Die Bevölkerung nahm rasch zu, verdoppelte sich nach jeweils zehn und zwanzig Jahren. 1910 verzeichnete die Statistik 53.701 Bürgerinnen und Bürger. 23 Prozent von ihnen sprachen polnisch, Polen machten in Recklinghausen-Süd fast 40 Prozent der Bevölkerung aus. 15 Schachtanlagen prägten zu dieser Zeit das Bild der Stadt.

Im neuen Stadthaus Süd.

Noch heute läßt sich diese Entwicklung im 66,4 Quadratkilometer umfassenden Stadtbild nachvollziehen. Insbesondere südlich der Autobahn Berlin-Hannover-Oberhausen-Arnheim finden sich industrielle Flächen und um sie gruppierte Siedlungsbereiche. Nördlich der A 2 geht die Stadtlandschaft, vorbei an noch heute bewirtschafteten Höfen, in die typische Landschaftsstruktur des Münsterlandes über. Sowohl alte Bergbausiedlungen im Süden als auch Dorflagen im Nordwesten der Stadt stehen heute teilweise komplett unter Denkmalschutz und belegen die jahrhundertelange Entwicklung.

Das Wachstum Recklinghausens schritt in der Zeit zwischen den Weltkriegen voran. Großstadt wurde Recklinghausen 1949, im Mai 1963 zählte sie als historische Höchstzahl 131.739 Einwohner. Doch da hatte der Bergbau in Recklinghausen bereits den Gipfel seiner Entwicklung mit 18 Schachtanlagen im Jahr 1961 überschritten. Von 1958 bis 1968 gingen durch Zechenschließungen direkt mehr als 8.400 Arbeitsplätze verloren.

Mit der im Oktober 1999 verkündeten Zusammenlegung des letzten aktiven Bergwerks, der Schachtanlage Blumenthal/Haard, mit dem Berg-

Am 27. Oktober 1999 erfolgte die Schlüsselübergabe für die Fachhochschule Recklinghausen, hier der zentrale Campus.

Die Anlagen des Bergwerks Blumenthal/Haard (hier der Schacht 3/4 direkt gegenüber der City) bieten ein interessantes Potential an innenstadtnahen Gewerbeflächen.

werk Auguste Victoria in Marl und der absehbaren Stillegung der Blumenthal-Schächte auf Recklinghäuser Stadtgebiet wird dieser Abschnitt industrieller Entwicklung Anfang des kommenden Jahrtausends zu Ende gehen. Die zwangsläufig damit verbundenen Arbeitsplatzverluste – man rechnet mit rund 4.000 freigesetzten Bergleuten – werden neue Anforderungen an die städtische Wirtschaftsförderung stellen.

In Recklinghausen begann die erfolgreiche Bewältigung des Strukturwandels bereits in den 60er Jahren. Die Verluste an Arbeitsplätzen im Bergbau und seinen Zulieferfirmen konnten bis in die 80er Jahre ausgeglichen werden – mehr als zwei Drittel aller Beschäftigungsverhältnisse gehören mittlerweile zum Dienstleistungsbereich.

Den Verantwortlichen ist jedoch klar, daß die Basis wirtschaftlicher Leistungsfähigkeit einer Stadt das produzierende Gewerbe ist. Die Ausweisung weiterer Gewerbeflächen in autobahnnaher Lage und die Aufbereitung ehemals industriell genutzter Flächen stehen dabei ganz oben auf der Prioritätenliste. Erste Erfolge zeichnen sich ab, so wird sich die Möbelfirma Ostermann im Ökologischen Gewerbepark Ortloh ansiedeln.

Immer wieder wird die Frage gestellt, warum die städtische Öffentlichkeitsarbeit eigentlich von Recklinghausen als „der etwas anderen Ruhrgebietsstadt“ spricht.

Die Gründe sind nach der Lektüre dieses Artikels wohl leicht nachzuvollziehen. Drei seien noch einmal genannt:

- Weil die Entwicklung der Stadt zum regionalen Zentrum, die mit der Reichshofgründung zur Zeit Karls des Großen begann, ungebrochen über die Jahrhunderte dauerte.

- Weil die zwischen dem 16. Jahrhundert und der Kaiserzeit geprägte Altstadt ihren Charme größtenteils über die Bombenangriffe des Zweiten Weltkrieges und die Betonmanie der 50er und 60er Jahre im Städtebau in die heutige Zeit retten konnte.

- Und weil die Lage der Stadt als Übergang vom industriell-kompaktem Ruhrgebiet im Süden zum ländlich-weiten Münsterland im Norden allen Klischees einer Ruhrgebietsstadt sowohl entspricht als auch widerspricht.

Recklinghausen bietet alle Vorteile: Man fühlt sich schnell heimisch und wohl, alles wirkt bald vertraut für die Neubürgerinnen und Neubürger, als lebe man schon immer in einer Stadt, in der jeder jeden zu kennen scheint – und könne zugleich teilhaben am Aufbruch, am Wandel, an der Entwicklung neuer Chancen und Möglichkeiten, Zukunft erleben und mit gestalten. Machen Sie mit. Kommen Sie nach Recklinghausen. ■

Tanzgruppe „Aolt Surk“, gelebte Tradition im Stadtteil Suderwich.

Recklinghausen – ein Wirtschaftsstandort im Umbruch

Seit eh und je strahlt Recklinghausen in die Region und darüber hinaus – auch als ein Wirtschaftsstandort von hoher Qualität. Diesen Standard zu erreichen, brauchte viel Zeit und Arbeit. Im Laufe der Jahrhunderte war Recklinghausen immer Sitz von über die Stadtgrenzen hinausgehenden Einrichtungen von Kirche, Politik, aber auch Handel und Gewerbe. Menschen, die im Umland Recklinghausens lebten, fuhren, wenn sie erklärten, „in die Stadt“ zu fahren, nach Recklinghausen.

Wohnortnahe Gewerbestandorte wurden im Gewerbegebiet König-Ludwig 1/2 Nord erschlossen.

Heinz Middeldorf

Der Autor wurde 1946 geboren, 1967 legte er die Verwaltungsprüfung ab und absolvierte anschließend bis 1973 ein VWA-Studium mit dem Abschluß als Dipl. Komm. Bis 1998 war Heinz Middeldorf Amtsleiter Bauverwaltung und Liegenschaften, seit dem 1.1.1999 ist er als Fachbereichsleiter für Wirtschaftsförderung und Stadtmarketing bei der Stadtverwaltung Reckinghausen tätig.

Diese, im Nachhinein betrachtet, kontinuierliche Entwicklung zu einem Ackerbürgerstädtchen mit zentraler Bedeutung für das Umland erfuhr Ende des letzten Jahrhunderts einen deutlichen Bruch. Die Industrialisierungswelle, ausgelöst durch die günstigen Abbaumöglichkeiten der Kohle an der Ruhr und die dadurch vorhandenen ganz erheblichen Energiequellen, erfaßte auch den nördlichen Teil des Ruhrgebietes. Nachdem Mitte des letzten Jahrhunderts bereits in der zentralen Lage des Ruhrgebietes Kohle abgebaut werden konnte, kam das Erz zur Kohle, in logischer Folge entstanden bald danach Stahlherstellungs- und Metallverarbeitungsindustrie. Zu diesem Zeitpunkt erreichte die Wanderung des Ruhrbergbaues den nördlich Teil des Ruhrgebietes und somit auch Recklinghausen. Zu diesem Zeitpunkt erlebte die Stadt den ersten wirtschaftlichen Umbruch: von einer am Rande des Ruhrgebietes gelegenen Kleinstadt mit regionalem Einzugsgebiet zu einer auch in der Einwohnerzahl stark expandierenden Bergbaustadt.

Die Folge war eine erhebliche Zunahme sowohl der Bergbauzulieferindustrie wie auch der zur

Die Zahl der Arbeitsplätze in der Elektroindustrie ist gestiegen, hier ein Arbeitsplatz bei der Hella KG.

Versorgung der rasch wachsenden Bevölkerung erforderlichen Dienstleistungsbetriebe. Notwendige Infrastrukturen in Form von Wohngebieten und Verkehrsverbindungen wurden gebaut, und Recklinghausen entwickelte sich zu einem bedeutsamen Wirtschaftsstandort, seine ortsansässigen Firmen operierten bald auch weltweit. Diese Entwicklung wurde zerstört durch den zweiten Weltkrieg, der bei den Industrie- und Gewerbebetrieben der Stadt, aber auch bei ihrer Infrastruktur erhebliche Verwüstungen hinterließ. Nach dem Kriege, in den Zeiten des „Wirtschaftswunders", erfolgte ein weiterer wirtschaftlicher Umbruch. Ausgelöst durch die Zuzüge der aus den ehemaligen deutschen Ostgebieten geflohenen Menschen stieg die Einwohnerzahl Recklinghausens stark an. Wieder mußten Infrastruktur und wirtschaftliches Umfeld diesen neuen Gegebenheiten angepaßt werden. Ein großer Teil der wirtschaftlichen Probleme konnte durch den damals starken Ruhrbergbau auch in Recklinghausen aufgefangen werden.

Die unselige Folge war jedoch eine weitere Verstärkung der schon vorhandenen wirtschaftlichen Monostruktur, die zu einem ganz erheblichen Teil auf den Bergbau und seine Bedürfnisse fixiert war. Die Kohle bestimmte das Leben auch in Recklinghausen.

Es war jedoch schon Ende der 50er Jahre dieses Jahrhunderts abzusehen, daß in Folge der Globalisierung und der Erschließung weiterer Energiequellen die Steinkohle erheblich an Bedeutung verlieren würde. Die auf Kohle fixierte vorhandene wirtschaftliche Monostruktur brachte Recklinghausen wie auch die übrigen Ruhrgebietsstädte bald in eine gefährliche wirtschaftliche Situation. Es galt, hier nach Möglichkeit und mit den Mitteln der Kommune gegenzusteuern, um im Bergbau wegfallende Arbeitsplätze durch Arbeitsplätze in anderen Wirtschaftszweigen zu ersetzen. Diese Herausforderung hat Recklinghausen bestanden. So konnten im Laufe der vergangenen Jahre weit mehr als die weggefallenen ca. 20.000 Kohle-/Zuliefererarbeitsplätze neu geschaffen werden. Diese dritte Umbruchphase innerhalb der letzten ca. 100 Jahre hält an. Gefördert durch Bundes- und Landesfinanzierungen sind in den letzten 30 Jahren in Recklinghausen umfängliche Gewerbe- und Industrieflächen erschlossen und zu einem großen Teil auch besiedelt worden. Somit konnte ein großer Teil der unter Tage wegfallenden Bergbauarbeitsplätze durch Arbeitsplätze über Tage kompensiert werden.

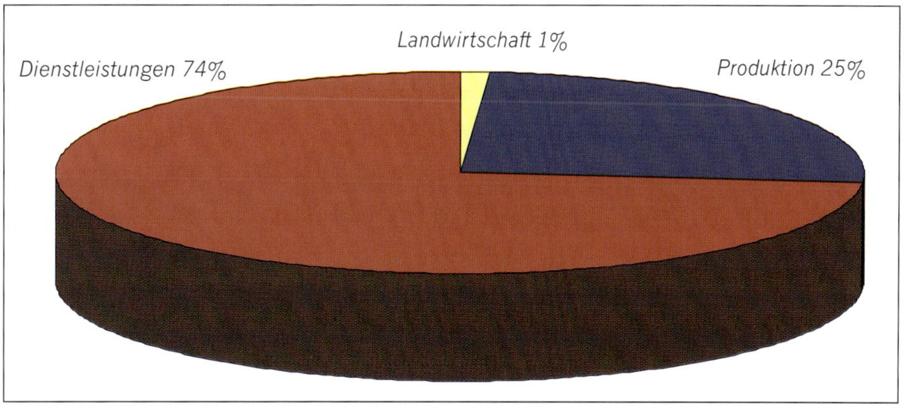

Beschäftigte nach volkswirtschaftlicher Gliederung.

Die zahlreichen Gewerbegebiete im heutigen Recklinghausen spiegeln diese Entwicklung wieder. So finden sich Gewerbegebiete, die noch vor einer Generation nur als Wiesen und Äcker bekannt waren. Auf den ehemaligen Feldern zwischen der Altstadt und der Südstadt arbeiten nun in den Gewerbegebieten „Zum Wetterschacht", „Am Stadion" und „Auf der Herne" fast 100 Firmen. Hier arbeiten Firmen mit europaweitem, teilweise weltweitem Einzugsgebiet neben Firmen mit sehr regionalem Bezug. Nach den ersten Ansiedlungen in den siebziger Jahren steht nun die Gesamtbesiedlung des Bereiches bevor.

Viele der angesiedelten Betriebe haben von ihren Anfängen bis heute ebenso erstaunliche wie erfreuliche Entwicklungen genommen, oft wurde die Zahl der erhofften Arbeitsplätze übertroffen. Der weitaus größte Teil der hier tätigen Betriebe gehört zu den ersten Ansiedlungen, ein Zeichen für das gesunde Klima für Unternehmen.

Eine besondere Note des Umbruchs zeigt das Gewerbegebiet „Auf der Herne". Dieses Gebiet wurde mit Hilfe von Strukturmitteln der europäischen Union erschlossen und als erstes in der Stadt mit einem eigenständigen Profil vermarktet. So werden hier ausschließlich technologieorientierte Unternehmen oder Unternehmen mit hochwertigen Dienstleistungen angesiedelt. Diese Vorgabe ergab zwar eine längere Vermarktungszeit als bei anderen Flächen, allerdings zeigt heute eine Fahrt durch diesen Bereich ein Vorzeigeobjekt für Gewerbeflächen.

Neben den eher kleinen Flächenzuschnitten in den zuvor genannten Gebieten gelang im Gewerbegebiet „Blitzkuhlenstraße" die Ansiedlung großflächiger Betriebe mit einem großen Arbeitsplatzangebot. Hier wurde auch rechtzeitig für die notwendigen Erweiterungsflächen der Unternehmen vorgesorgt. Räumlich anschließend liegen die großen Flächenpotentiale des Gewerbeparks Ortloh.

Doch nicht nur die Erschließung von neuen Flächen zeigt den Umbruch der letzten Jahrzehnte. Die vom Bergbau aufgegebenen Flächen bieten bereits seit mehreren Jahren das allerdings durch die Aufgabe auch dringend notwendige Potential für neue Gewerbeansiedlungen.

Problematisch bei der Vermarktung sind bei diesen Flächen immer wieder die Altlasten, daher wurde z. B. das Gebiet der ehemaligen Schachtanlage König-Ludwig 4/5 mit einem Aufwand von 50 Mio. DM so saniert, daß von den ehemals vorhandenen Altlasten keine Gefahr mehr ausgeht.

Ein Entwicklungspotential für neues Gewerbe bieten die „Preston Barracks", das ehemalige „Reichsbahnausbesserungswerk", nach dem 2. Weltkrieg als Depot der britischen Rheinarmee genutzt. Im Bildhintergrund das Zukunftsprojekt „Gewerbegebiet Panhütter Weg".

Dennoch werden die ehemals vorhandenen Arbeitsplätze nur zu einem geringen Teil ersetzt, auf dieser Fläche werden nach kompletter Vermarktung voraussichtlich ca. 1.000 Arbeitsplätze vorhanden sein, die Schachtanlage hatte früher bis zu 5.000 Arbeitsplätze. Der Grund liegt in der hohen Zahl der unter Tage Beschäftigten im Bergbau, diese Zahlen „über Tage" zu ersetzen, ist eine der besonderen Herausforderungen im Strukturwandel.

Zu dem Strukturwandel gehört auch, daß die auf den Bergbau abgestimmten Verkehrsstränge an die Bedürfnisse der neuen Wirtschaftszweige angepaßt und neue Verkehrswege erschlossen wurden. Heute wird vor allem die verkehrlich ideale Lage Recklinghausens im Schnittpunkt zweier Autobahnen, nämlich Ost-West und Nord-Süd, von den ansiedlungswilligen Firmen als besonderer Pluspunkt hervorgehoben.

Als ausgesprochener Pluspunkt wird von neu angesiedelten Firmen die Arbeitswilligkeit und Flexibilität sowie die Zuverlässigkeit der ansässigen Arbeitskräfte gewertet. Durch die wirtschaftlichen Umschwünge der letzten 100 Jahre haben die Arbeitnehmerinnen und Arbeitnehmer der Region lernen müssen, sich jederzeit und mit voller Leistungsbereitschaft auf die erforderlichen neuen Strukturen und Anforderungen einzustellen. Diese generelle Haltung, verbunden mit der vorhandenen vorzüglichen Infrastruktur und den vorhandenen Gewerbe- und Industrieflächen machen Recklinghausen zu einem für die Wirtschaft hochinteressanten Standort.

Der Umbruch des Wirtschaftsstandortes Recklinghausen läßt sich auch an den Aufgabenfeldern der städtischen Wirtschaftsförderung ablesen. Lag das Hauptaugenmerk der Wirtschaftsförderung in der Vergangenheit in der Begleitung und Unterstützung der Ansiedlung sowie der Betreuung gewerblicher Betriebe, sind in den letzten Aufgaben wie Unterstützung des Einzelhandels, Tourismusförderung und Stadtmarketing hinzugekommen.

Recklinghausen ist nicht nur als Verwaltungssitz der Kreisverwaltung Zentrum des mit 650.000 Einwohnern größten Kreises Deutschlands, auch als Einzelhandelsstandort spielt es eine entscheidende Rolle in der Region. Dennoch steht der Standort heute im Wettbewerb mit nahe liegenden Städten wie Marl oder Herne. Diesen Wettbewerb im Sinne Recklinghausens zu steuern, ist heute auch Aufgabe von Wirtschaftsförderung.

Heute arbeiten hier mehr als 800 Einzelhandelsbetriebe, die auf einer Verkaufsfläche von mehr

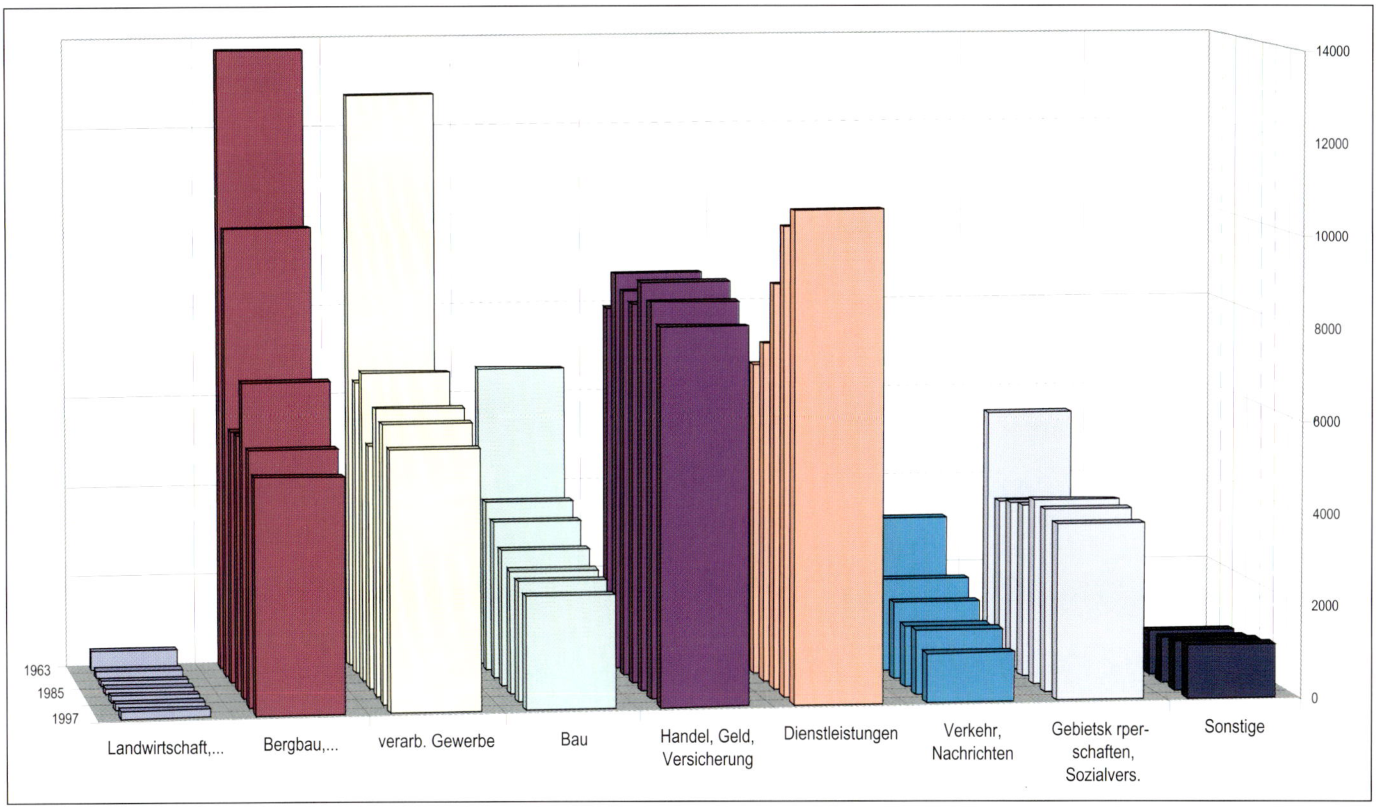

Entwicklung der Beschäftigtenzahlen.

als 230.000 m² einen Umsatz von 1.450,7 Mio. DM erzielen.

Zur Stärkung vor allem des Einzelhandelsstandortes haben Politik, Wirtschaft und Stadtverwaltung in den letzten Jahren gemeinsam eine Stadtmarketinginitiative gestartet. Mittlerweile wird Stadtmarketing als Produkt der Wirtschaftsförderung geführt.

Der dabei im Vordergrund stehende Gedanke der „public-privat-partnership" hat zu einer Umsetzung von Projekten geführt, die bisher so nicht bekannt war. So wurde nach einer Vorbereitungszeit von vier Wochen Ende 1998 die „Christmas-Shuttle-Aktion" entworfen und umgesetzt. Dabei wurden Einkäufer mit neuartigen Elektromobilen kostenlos von und zu den Parkplätzen transportiert.

Ähnlich flexibel und zügig konnten 1999 die gemeinsamen Aktivitäten zwischen der Werbegemeinschaft Altstadt und der Stadtverwaltung im Rahmen des Landesprojektes „Ab in die Mitte – Die City-Offensive NRW" gestaltet werden. Hier wurden nach der kurzfristigen Entscheidung des Landes, Recklinghausen neben neun anderen Städten in dieses erstmalige Landesprojekt aufzunehmen, innerhalb weniger Wochen fünf Großevents für die Innenstadt entwickelt und umgesetzt.

Die Zahlen und Projekte im Einzelhandel zeigen, wieviel Menschen „ihr Brot" mittlerweile im Dienstleistungsbereich verdienen. Doch auch der Unternehmer lebt nicht nur von Brot allein, entscheidet nicht nur nach den „harten" Standortfaktoren. Ergänzend dazu bietet Recklinghausen noch die Anbindung an das Münsterland, die Nähe zu Erholungs- und Freizeitgebieten zum eigenen anspruchsvollen Kulturangebot des Ruhrgebietes als „weichen" Standortfaktor.
Dieses Umfeld führte in den jüngsten Vergangenheit zum Thema „Ruhrgebiet als Tourismusregion". Was noch vor wenigen Jahren als Utopie und Spinnerei abgetan wurde, ist heute bereits Realität. Die mehr als hundert Jahre Industriegeschichte haben im Ruhrgebiet zu einer Sammlung von Industriedenkmälern geführt, die in ihren teilweise gigantischen Ausmaßen und oft auch schönen Erscheinung Touristen aber auch die Bewohner hier immer wieder beeindrucken. Recklinghausen als Nahtstelle zwischen Ruhrgebiet und Münsterland vereinigt Industrie und Natur in eigener Art. Die Stadt ist idealer Ausgangspunkt für unzählige Ausflugsmöglichkeiten.

Jeder Umbruch ist in gewisser Weise auch ein Neuanfang. Die Voraussetzungen für die neue wirtschaftliche Herausforderung sind geschaffen und trotz der augenblicklich angespannten Situation freut sich dieser Wirtschaftsstandort auf seine positive Zukunft. ■

Ansprechpartner
für die Wirtschaftsförderung

Heinz Middeldorf
Städt. Verwaltungsdirektor,
Fachbereichsleiter
Telefon (02361) 50 14 00

Ulrich Engelmann
Dipl.-Ökonom
Telefon (02361) 50 14 10

Ursula Metz
Dipl.-Verwaltungswirtin
Telefon (02361) 50 14 05

Jörg Smolka
Dipl.- Verwaltungswirt
Telefon (02361) 50 14 03

Axel Tschersich
Dipl.-Verwaltungswirt/Betriebswirt
Telefon (02361) 50 14 07

Hannelore Wegwerth
Telefon (02361) 50 14 06

Karin Mai
Sekretariat, Information
Telefon (02361) 50 14 01
Telefax (02361) 50 14 02

E-Mail wifo@recklinghausen.de
Internet www.recklinghausen.de

Gewerbepark Ortloh – „just in time“

Die Überschrift hat für Investoren als auch für die Stadt Recklinghausen eine besondere Bedeutung.
„Just in time“ ist im Wettbewerb heute eine im Geschäftsleben erwartete Selbstverständlichkeit.
Um so wichtiger sind daher Standorte, die die Erfüllung dieser Bedingungen möglichst optimal unterstützen. Recklinghausen hat Ihnen auch in dieser Beziehung viel zu bieten: den neuen Gewerbepark Ortloh.

Werbung für den Gewerbepark.

Der Gewerbepark Ortloh hat einen eigenen, direkten Autobahnanschluss an die A 2. Langwieriger Stadt- und Suchverkehr entfällt dadurch sowohl für auswärtige Kunden und Lieferanten als auch für die Auslieferung hier hergestellter Produkte. Dies allein ist für Investoren bares Geld wert. Es muß noch hier erwähnt werden, daß in Minutennähe über die A 2 auch die A 43, die A 42 und die A 40 erreichbar sind. Recklinghausen und Umgebung liegen im genauen Schnittpunkt der großen Ost-West- und Nord-Süd-Verkehrsströme in Europa und haben somit eine enorme Bedeutung für die Logistik.

Aber auch für die Stadt ist der Gewerbepark Ortloh „just in time“. In Zeiten des Strukturwandels ist es für die Kommunen, des von den Auswirkungen besonders betroffenen nördlichen Ruhrgebietes, im Wettbewerb lebensnotwendig, ausreichende gewerbliche Bauflächen vorzuhalten, um investitionsbereiten Firmen Anreize und Gelegenheit für ihre weitere Entwicklung und Expansion zu geben. Die Planung und Entwicklung der entsprechenden Gewerbegebiete muss von der gesamten Region im Konsens getragen werden. Dabei ist Primärziel aller Akteure aus Politik, Verwaltung und Wirtschaft die Schaffung und Sicherung zukunftsicherer Arbeitsplätze.

Schon die aktuellen Arbeitsmarktdaten zeigen großen Handlungsbedarf. Hinzu kommt, daß absehbar ist, daß im Bergbau weitere Zehntausende Arbeitsplätze fortfallen werden. Die Reaktivierung der Zechenbrachen reicht bei weitem nicht aus, neue Gewerbegebiete und somit die Fundamente für neue Arbeitsplatze bereitzustellen.

Die Notwendigkeit eines modernen Gewerbeparks wie Ortloh war für Recklinghausen lange absehbar. Es hat über zehn Jahre Planungs- und Entwicklungszeit gedauert, bis die ersten Vermarktungen erfolgen konnten. Dabei wurden schon in den Planungsphasen die Vorzüge dieses Gebietes potentiellen Investoren deutlich sichtbar. Es ist daher kein Wunder, daß für dieses Gebiet seit Jahren bereits zahlreiche Bewerbungen vorliegen.
Angesichts dieses Ansiedlungsdrucks von innen und außen kommt der Gewerbepark Ortloh auch für die Stadt Recklinghausen „just in time“. Die konkrete Vermarktung wird nach dem erklärten

Ulrich Engelmann

Der Autor wurde am 13.11.1952 in Wanne-Eickel geboren.
Nach Abitur und Wehrdienst folgte ein Studium der Wirtschaftswissenschaften in Bochum, das er 1982 als Dipl.-Ökonom abschloß.
Anschließend war er als Betriebsstellenkaufmann bei einer Bergbauspezialgesellschaft und als Dozent für Mathematik und Betriebswirtschaft an einer Privatakademie tätig.
Seit 1989 ist Ulrich Engelmann Wirtschaftsförderer bei der Stadt Recklinghausen, seit dem 1.1.1999 Stellvertretender Fachbereichsleiter für Wirtschaftsförderung und Stadtmarketing.

Der Gewerbepark Ortloh – Gewerbe und Industrie im Grünen mit eigenem Autobahnanschluß.

Willen aus Politik und Verwaltung keine Vergabe um jeden Preis sein. Flächenintensive Betriebe mit geringer Arbeitsplatzanzahl, Betriebe, die keinen Struktureffekt bewirken oder Betriebe mit optisch abstoßenden Freiflächen, so wichtig und unverzichtbar sie auch sein mögen, werden sich um andere Standorte bemühen müssen. Hinzu kommt eine weitere Forderung an die Betriebe: Die grüne Umgebung und die ökologisch anspruchsvolle Gestaltung dieses Gewerbeparks erhöhen die Attraktivität und bewirken ein repräsentatives Ambiente. Es ist daher nur konsequent, daß neben der funktionellen auch eine gefällige Architekturplanung von den Investoren erwartet wird.

Die Bauberatung der Stadt Recklinghausen steht dabei für Investoren bereits im Vorfeld der Planungen zur Verfügung, um erste Abstimmungen über die Baugestaltung durchzuführen und um über die Festsetzungen des Bebauungsplanes zu informieren.

Ortloh wird für viele Betriebe aus vielen Branchen ein neuer Standort sein.

30 ha Gewerbe- und 10 ha altlastenfreier Industrieflächen in nahezu jeder Parzellierungsgröße stehen sofort oder kurzfristig zur Verfügung. Dies ist gerade im Ruhrgebiet keine Selbstverständlichkeit mehr.

Das Branchenspektrum der in Ortloh anzusiedelnden Betriebe ist breit gefächert. Sowohl Handwerksbetriebe, Dienstleistungsunternehmen als auch große industrielle Produktionsfirmen werden hier beste Standortbedingungen und Entwicklungsmöglichkeiten vorfinden.

Recklinghausen setzt im Strukturwandel verstärkt auf die Förderung der kleineren und mittleren Unternehmen (KMU), da von ihnen am ehesten die dringend benötigten Arbeitsplatzeffekte und Innovationsimpulse zu erwarten sind.

Als Ausdruck dieser Förderung ist vom Rat der Stadt Recklinghausen die Errichtung eines Handwerkerhofes im Gewerbepark Ortloh beschlossen worden. Dieses besondere Angebot für Handwerksbetriebe wird von der Handwerkskammer Münster ausdrücklich begrüßt und unterstützt.

Unter den Bewerbern für Ortloh befindet sich auch ein Großmöbelhaus. Sollte dieses Ansiedlungsvorhaben realisiert werden, wird eine Angebotslücke in Recklinghausen und Umgebung geschlossen. Zusätzlich wird die Besuchsfrequenz auswärtiger Kunden stark ansteigen.

Alles spricht für Ortloh. Dabei sind sicher etliche Fragen noch nicht beantwortet. Zum Beispiel: Was kostet der Quadratmeter? Um Ihnen diese Frage und noch viele andere zu beantworten, steht Ihnen die Wirtschaftsförderung der Stadt Recklinghausen als Partner für Ihr Ansiedlungsvorhaben zur Verfügung. Rufen Sie an, schreiben Sie uns. Wir melden uns bei Ihnen: „just in time“. ■

Recklinghausen: Wirtschaftsstrukturen zwischen Bergbau und Biotechnologie

Neben der City bildet die Südstadt einen zweiten wichtigen Einzelhandelsstandort der Stadt.

Karl-F. Schulte-Uebbing

Der Autor studierte Wirtschaftswissenschaften in Gießen und war anschließend Pressereferent der Handwerkskammer Dortmund, danach Abteilungsleiter in der Hauptgeschäftsleitung der Südwestfälischen Industrie- und Handelskammer zu Hagen.
Seit 1984 ist Karl-F. Schulte-Uebbing bei der Vestischen Gruppe der Industrie- und Handelskammer zu Münster in Gelsenkirchen, jetzt als Leitender Geschäftsführer und Stellvertretender Hauptgeschäftsführer der Industrie- und Handelskammer zu Münster.

Ausgeprägte Dienstleistungs- und Handelsstrukturen, Lagegunst und erfolgreiche Unternehmensansiedlungen. Vielfältig gestaltet der Wirtschaftsstandort Recklinghausen seinen zweiten Umbruch in diesem Jahrhundert.
Das internationale Zeltverleihunternehmen, dessen Zelte schon die olympischen Spiele von Atlanta überdachten, oder ein großes medizintechnisches Labor mit neuentwickelten Verfahren der Krebsdiagnostik – zwei Beispiele des zukunftsfähigen Wirtschaftsstandorts Recklinghausen mit rund 126.000 Einwohnern und 37.400 sozialversicherungspflichtig Beschäftigten jenseits alter Ruhrgebietsklischees.

Der Grundstein für heutige Strukturen ist in Recklinghausen schon vor langer Zeit gelegt worden. So blickt die Stadt stolz auf die Tradition der Mitgliedschaft zur Hanse zurück und immer noch befindet sich hier das Zentrum des Handels im Kreis Recklinghausen. Mit über 17 Prozent an der Gesamtbeschäftigung hat dieser Wirtschaftszweig eine im vestischen Vergleich überdurchschnittliche Bedeutung. Dem Einzelhandel der Kreisstadt gelingt es, im Saldo zusätzliche Kaufkraft von umliegenden Gemeinden in die Stadt zu ziehen. Das vielfältige Warenangebot erhält durch die Atmosphäre eines historisch gewachsenen Stadtkerns mit lebendiger Gastronomie zusätzliche Attraktivität. Ein Beispiel für gelungene Handelspolitik ist die anvisierte räumliche Zusammenführung des Möbeleinzelhandels im neuen Gewerbegebiet „Ortloh" mit direktem Autobahnanschluß an die A 2. Die dort geplante Ansiedlung eines „Großen" der Branche soll um Recklinghäuser Möbelhäuser ergänzt werden, die, gegenwärtig im innerstädtischen Bereich gelegen, aus allen Nähten zu platzen drohen. Neben neuen Entfaltungsmöglichkeiten profitieren diese Firmen dann von der zusätzlichen Kundenfrequenz und überregionalen Kaufkraftbindung einer räumlichen Konzentration der Möbelbranche.

Nach dem 2. Weltkrieg förderte der Bergbau die nötige Energie für einen schnellen Wiederaufbau.

Jedoch ist die Ausgangslage des Einzelhandels insgesamt in Recklinghausen trotz vorhandener Zentralität deutlich verändert. Die bestehenden großflächigen Einkaufs- und Erlebniszentren auf der „Grünen Wiese" der Oberzentren des Ruhrgebiets drohen durch massive Erweiterungspläne auch in den Innenstädten zur übermächtigen

Mit der Stilllegung der Schachtanlage Blumenthal/Haard endet ein wichtiger Abschnitt der industriellen Entwicklung in Recklinghausen.

Konkurrenz für Recklinghausen wie das gesamte Vest zu werden. Hier ist die Einmütigkeit von Kaufmannschaft, Politik und Verwaltung gefragt, um berechtigte Interessen des örtlichen Einzelhandels in der Emscher-Lippe-Region gegenüber der Politik zu wahren und die Attraktivität der Innenstädte für die Kunden weiter zu steigern.

Das traditionell große Gewicht des Handels deutet bereits eine überdurchschnittliche Ausprägung des tertiären Sektors im Wirtschaftsgefüge insgesamt an. Tatsächlich lag dessen Anteil an der Beschäftigung bereits vor zehn Jahren bei über 60 Prozent und ist heute mit 66 Prozent immer noch gut 10 Prozentpunkte oberhalb des Emscher-Lippe-Durchschnitts. Die Dienstleistungsbranche hat in den letzten zehn Jahren um rund 1.400 Arbeitsplätze zugelegt, mit zweistelligen Wachstumsraten sowohl im wirtschafts- als auch konsumorientierten Bereich.

In der Logistikbranche konnten wichtige Firmenansiedlungen realisiert werden. Die vorzügliche Verkehrsinfrastruktur sorgt für eine hohe Affinität der Branche zum Standort Recklinghausen. Informations- und Kommunikationstechnik als der expandierende Wirtschaftszweig schlechthin greift in Recklinghausen ebenfalls zunehmend Raum. Über 200 Unternehmen, von der Telekommunikation über Soft-, Hardware bis zu Multimedia und Netzwerktechnik, tummeln sich als Dienstleister und Händler. Während diese Branche viele junge Unternehmen hervorbringt, ist ein anderer Dienstleister hingegen schon lange Zeit „am Platz“: Bereits 1816 wurde die Stadt Verwaltungssitz des zu Preußen gehörenden Landkreises Recklinghausen. Bis in die Gegenwart ist diese zentrale Funktion der Stadt für den Kreis beispielsweise durch den Sitz von Kreistag und Kreisverwaltung, Arbeitsamt sowie Amtsgericht erhalten geblieben. So ist es kaum verwunderlich, daß der öffentliche Dienst in Recklinghausen als Arbeitgeber nahezu doppelt so stark ins Gewicht fällt wie im Durchschnitt des Vests.

Während Handel und Verwaltung seit Generationen das Stadtbild mitbestimmen, prägt der Bergbau die jüngere Vergangenheit Recklinghausens. So spiegeln sich in der heutigen Wirtschaftsstruktur der Stadt die Unterschiedlichkeit der Wirtschaftsräume Ruhrgebiet und Münsterland wider. Der industrielle Sektor stellt für die Region untypisch mit 12.000 Stellen lediglich ein Drittel aller Arbeitsplätze, noch dominiert durch die rund 4.000 Beschäftigten der Zeche Blumenthal/Haard. Nach wie vor besteht ein Zuliefergeflecht des Bergbaus in den Mittelstand Recklinghausens hinein, insbesondere im Maschinen- und Fahrzeugbau. Weitere bedeutende Industriebranchen sind die Elektrotechnik, Stahl- und Leichtmetallbau, Nahrungs- und Genußmittel sowie die Bauindustrie. Unterrepräsentiert ist in erster Linie das verarbeitende Gewerbe. Lediglich 17 Prozent steuert dieser Wirtschaftsbereich zur Beschäftigung bei, der

Das Zeltverleihunternehmen de Boer stattet Veranstaltungen in aller Welt aus – ein Beispiel für innovative Dienstleister am Standort Recklinghausen.

Der Altstadtmarkt.

Durchschnitt des Vests liegt hingegen bei 25 Prozent, der des Landes Nordrhein-Westfalen gar bei 32 Prozent. Wenn in Recklinghausen selbst auch weniger dominant, so strahlt die großbetriebliche Prägung des Vests dennoch auf die Stadt aus. Denn von den rund 19.000 Auspendlern Recklinghausens finden 45 Prozent in der Emscher-Lippe-Region mit ihren zahlreichen Großunternehmen Arbeit. So ist die Stadt von beschäftigungspolitischen Entscheidungen der großen Konzernstandorte im Vest durchaus betroffen.

Um hier gegenzusteuern, sollte nicht allein auf den in der Stadt bereits relativ stark vertretenen Dienstleistungssektor gesetzt werden. Vielmehr ist der industrielle Mittelstand eine Zielgruppe mit Nachholbedarf am Standort Recklinghausen. Die Industrie auch in Zukunft als eine Option für eine gesunde Wirtschaftsstruktur zu sehen, ist kein Anachronismus. So sind gerade die wirtschaftsnahen Dienstleistungen auf das Nachfragepotential eines leistungsfähigen Industriebesatzes angewiesen. Das Vest hat sich anknüpfend an den vorhandenen Potentialen der Chemie, Energie oder des Anlagenbaus in seinem regionalen Leitbild als zukünftige Industrieregion definiert. Es gilt für den Emscher-Lippe-Raum, innerhalb des heterogenen Ballungsraums Ruhrgebiet regionale Stärken herauszuarbeiten und zu bündeln. Strukturwandel bedeutet ebenso, auf Vielseitigkeit zu setzen, den „Holzweg“ eines vermeintlichen „Königswegs“ zu vermeiden. Daher muß die Wirtschaftsförderung auch die Industrie mit allen ihren Branchen im Visier behalten.

Die Stadt Recklinghausen als Teil der Region Emscher-Lippe ist in diese Positionierung eingebunden. Zahlreich sind die Parallelen zwischen Stadt und Region Vest sowohl in den Stärken als auch in den notwendigen Voraussetzungen für weitere Erfolge im Strukturwandel. Eingebettet in das dichte und viel-

seitige Verkehrsnetz der Region bietet Recklinghausen neben der direkten Anbindung an die A 2 und die A 43 einen IC-Haltepunkt. An der Stadtgrenze befindet sich der Verkehrslandeplatz Loemühle, die Flughäfen Dortmund und Düsseldorf sind weniger als 70 km entfernt.

Der Pluspunkt Infrastruktur wird durch die ausgezeichnete Lagegunst in unmittelbarer Nähe zu dem riesigen Absatzmarkt von fünf Millionen Konsumenten im Ruhrgebiet zusätzlich aufgewertet. Auf „kurzem Wege“ ist darüber hinaus nahezu jeder zweite Bürger der EU in einem Tag per Lkw angebunden. Die Kapazitäten von Energieversorgung, Telekommunikation aber auch der Entsorgung verfügen über die Leistungsfähigkeit entsprechend eines der größten Ballungsräume Europas.

Qualifizierte, „zupackende“ Arbeitskräfte dekken eine breite Berufspalette ab. Recklinghausen profitiert von der im Vest leicht über dem Landesdurchschnitt Nordrhein-Westfalens liegenden Quote der Beschäftigten mit einer abgeschlossenen Berufsausbildung von 65 Prozent. Im Bereich der Hochschulqualifikation ist die Fachhochschule Gelsenkirchen mit dem brandneuen Standort Recklinghausen ein wichtiger Hoffnungsträger.

Diese Standortvorteile können nur greifen, wenn als Basis ein adäquates Angebot an Gewerbe- und Industrieflächen zur Verfügung steht. Dieses gilt sowohl für Neuansiedlungen als auch die Bestandspflege der ansässigen Wirtschaft. Recklinghausen hält mit dem direkt an die A 2 angebundenen Gewerbegebiet „Ortloh“ sofort verfügbare Gewerbe- und Industrieflächen bereit. Weitere Entwicklungspotentiale stehen längerfristig durch das Gelände der „Preston Barracks“ zur Verfügung.

Doch nicht nur die harten, auch die weichen Standortfaktoren sprechen für Recklinghausen als einen attraktiven Wirtschafts- und Lebens-

Zwischen Rathaus und Unternehmen gibt es in der Stadt eine gute Zusammenarbeit.

raum. Zu dem lebendigen Flair der Innenstadt gesellen sich kulturelle Highlights wie die Ruhrfestspiele. Im Norden der Stadt kündigt sich bereits ein münsterländisches Landschaftsbild mit reichlich Natur an. Diese Atmosphäre machen sich die hier gelegenen erstklassigen Wohngegenden für gehobene Ansprüche zu eigen.

Es wird deutlich, daß Recklinghausen als ein zukunftsfähiger, attraktiver Wirtschaftsraum eine Vielzahl stichhaltiger Argumente vorweisen kann. Eingebettet in die Region profitiert die Stadt von den Fortschritten des Strukturwandels im Emscher-Lippe-Raum. Die Pendlerverflechtungen und Kaufkraftströme dokumentieren beispielhaft die engen Verbindungen zwischen den vestischen Städten. Das Primat der Schaffung zusätzlicher Arbeitsplätze in der Region darf nicht am kommunalen Kirchturm scheitern. Es gibt strukturrelevante Projekte, die das Vest nur als Einheit und in Gemeinsamkeit der zwölf Kommunen realisieren kann. Insbesondere der Bereich der Bereitstellung von Industrie- und Gewerbeflächen ist dazu angetan, notwendige und wichtige kommunale Aktivitäten durch regionale Kooperation zu ergänzen. In diesem Kontext steht unter dem Stichwort „newPark" das innovative Konzept eines 300 Hektar großen Industrieparks in der Emscher-Lippe-Region zur Diskussion. Die aktuellen, nahezu „natürlichen" Vorteile der Region wie Verkehrsverbindungen und Lagegunst werden im „newPark" gepaart mit der Kombination neuartiger Standortvorteile. Die Stoßrichtung von „newPark", dessen Entwicklung zur Zeit in der Diskussion mit der Landesregierung steht, ist eindeutig: Geringere Produktionskosten bei Nutzung von Flexibilität im Genehmigungs- und Tarifrecht. Die Vision „newPark" – getragen von allen zwölf Kommunen der Region im Rahmen der „Initiative Emscher-Lippe" – ist ein deutliches Signal für das Bekenntnis aller zur Einheit der Region als ein attraktiver Wirtschaftsraum der Zukunft. Es beschreibt einen weiteren innovativen Anstoß des Strukturwandels im Sinne einer Schärfung des wirtschaftsfreundlichen Profils der Emscher-Lippe-Region. Recklinghausen ist nicht nur wichtiger Partner sondern auch Nutznießer der Umsetzung von „newPark". ■

Das Gewerbegebiet „newPark" – Baustein der Zukunft Emscher-Lippe.

Licht ist Hella – Ideen für das Auto der Zukunft

Mit weltweit 30 Fertigungsstätten ist die Unternehmensgruppe ein global operierender Partner der Automobilindustrie

Das Hella-Werk in Recklinghausen.

Über 1.000 Ingenieure und Techniker arbeiten in Forschung und Entwicklung: Im Geschäftsjahr 1997/98 wurden 8,0 % des Umsatzes in F&E-Aktivitäten investiert.
In Deutschland beschäftigt die Hella KG fast 12.000 Mitarbeiter. In 20 Fertigungsstätten und in Tochter- und Beteiligungsgesellschaften (Europa und Übersee) arbeiten fast 8.000 Mitarbeiter. Vertriebspartner in über 150 Ländern beliefern Automobilhersteller und den Fachhandel rund um den Globus. Weltweit lag der Umsatz des Hella-Konzerns im Geschäftsjahr 1997/98 bei 3,6 Milliarden Mark.
Audi A6, BMW 5er, Daimler-Chrysler E-Klasse und CLK, Opel Omega, VW Passat, Honda Accord – für diese Fahrzeugreihen haben Hella-Ingenieure das leistungsfähige Xenon-Scheinwerfersystem entwickelt. Sie nutzen den 2,5fachen Lichtstrom gegenüber Halogenlampen für eine deutlich hellere und breitere Ausleuchtung der Fahrbahn und eine größere Reichweite des Fahrlichts. Die anspruchsvolle Vorschaltelektronik wird auf hochmodernen, automatischen Bestück- und Montageeinrichtungen in Recklinghausen gefertigt. Auf dem Gebiet Xenon-Scheinwerfer ist Hella weltweit Markt- und Technologieführer, da die Entwicklungsbereiche Licht und Elektronik sehr eng kooperieren.
In der Entwicklung hat die Zukunft bereits begonnen. Serienreif sind sogenannte Bi-Xenon-Scheinwerfer, die das Licht einer einzigen Xenonlampe sowohl für das Abblend- als auch für das Fernlicht nutzen. Die Vorschaltgeräte und dazugehörige Mechanik stammen aus Recklinghausen.
Neben dem Bereich Lichttechnik gewinnt der Bereich Kraftfahrzeugelektrik eine immer größere Bedeutung. Er umfaßt die fünf Produktgruppen Heizungs- und Klimaregelung, Karosserieelektronik, Licht und Elektronik, Antriebsstrangregelung sowie Systeme und Komponenten. Bei der Fertigung von Heizungs- und Klimareglern und den zugehörigen Sensoren und Aktuatoren ist Hella Marktführer. Beliefert werden neben den führenden Automobilherstellern auch die Heizungs- und Klimaspezialisten Eberspächer und Webasto. Durch den Einsatz von CAN-Bus-Schnittstellen steuert Karosserieelektrik, insbesondere Zentralelektronik, vielfältige Funktionen, wie z. B. Zentralverriegelungen, Fernbedienungen oder die Innenbeleuchtung.
Die Produkte aus dem Bereich der Antriebsstrangregelung werden an alle europäischen Automobilhersteller geliefert. Die Palette umfaßt Geschwindigkeitsregler, E-Gas-Systeme, Steller für Schaltsaugrohre, Turboladerregelungen und Ansaugluftdrosselungen. Die notwendigen Produktionseinrichtungen stehen in Recklinghausen zur Verfügung.
International ist die Fertigung von Systemen und Komponenten, wie etwa Sensoren, Aktuatoren, Relais und Signalhörnern.
Seit 1992 ist Hella Systemlieferant für Fahrzeug-Module mit Produktionsstätten in Meerane (Sachsen) und Puebla (Mexico). Seit 1996 wurden in Meerane 400.000 Frontend-Module für den Golf III gefertigt. Seit 1997 werden diese Module auch für den Passat, Golf IV und New Beetle gefertigt. Im Werk Recklinghausen werden auch spezielle Signal- und Kennleuchten für Behörden-, Notfall- und Feuerwehrfahrzeuge sowie für Schwertransporter produziert.
Auch die Innovation in Dienstleistung und Organisation zeichnet das moderne Unternehmen Hella aus. Unser Ziel: Hella – ein unverzichtbarer Partner für unsere Kunden. Neben dem Vertrieb ist die gesamte Organisation kunden- und erfolgsorientiert ausgerichtet. ■

HELLA®

Ideen für das Auto der Zukunft

Hella KG Hueck & Co.

Gründung:
Hella KG: 1899
Recklinghausen (Werk 5): 1966

Geschäftstätigkeit Hella KG:
- Kraftfahrzeug-Beleuchtung
- Kraftfahrzeug-Elektrik
- Kraftfahrzeug-Module
- Kraftfahrzeug-Zubehör im Handelsprogramm
- Industrie-Elektronik
- Ausrüstung für Flugzeuge
- Zink-Druckgußartikel
- Sondermaschinen und Werkzeugbau

Geschäftstätigkeit Recklinghausen
Fertigung von:
- Licht und Elektronik
  - Leuchtweitesteller, - regler
  - Elektronische Steuer-, Kontrollgeräte (z.B. für Xenon-Scheinwerfer)
  - Kenn- und Signalleuchten
- Antriebsstrangregelung
  - Geschwindigkeitsregler
  - Regler für Turbolader
  - E-Gas-Systeme
  - Ansaugluftdrosselung
- Pneumatische Systeme
  - Elektropneumatische Steller- und Steuereinheiten
  - Elektropneumatische Zentralverriegelungen

Mitarbeiter Werk Recklinghausen:
1.100 Personen

Zertifiziert nach:
ISO 9001/ QS 9000/ VDA 6.1 seit 1997

Anschrift:
Hella KG Hueck & Co.
Wupperstr. 5
45663 Recklinghausen
Telefon (02361) 307-0
Telefax (02361) 307-53 00

Hella-Produkte, eine kleine Auswahl.

Die Emscher-Lippe-Region auf einen Blick

Die Emscher-Lippe-Region mit ihren kreisfreien Städten Bottrop und Gelsenkirchen sowie den zehn Kommunen des Kreises Recklinghausen (Castrop-Rauxel, Datteln, Dorsten, Gladbeck, Haltern, Herten, Marl, Oer-Erkenschwick, Recklinghausen, Waltrop) ist als nördliche Teilregion des Ruhrgebietes Bestandteil eines der größten und am dichtesten besiedelten Räume Europas (Abb. 1).

Infolgedessen profitiert sie von beiden Kulturräumen:

Im Norden vermitteln naturnahes, preisgünstiges Wohnen in gepflegter Park- und Waldlandschaft sowie eine ländliche Geruhsamkeit eine besondere Lebensqualität. Der High-Tech-Arbeitsplatz ist hier von der Landwirtschaft so wenig entfernt wie der Golfplatz vom Werkstor.

Abb. 1: Die Emscher-Lippe-Region.

Siedlungsstrukturell stellt sich die Emscher-Lippe-Region als Übergangsraum zwischen dem hochverdichteten Ruhrgebiet mit seinen Oberzentren Dortmund – Bochum – Essen und dem wesentlich ländlicher geprägten Münsterland dar.

Individuelle Freizeitgestaltung, von der Sportfliegerei bis zum Wassersport, ist überall vor der Haustür möglich.

Der Süden der Emscher-Lippe-Region ist dagegen geprägt durch eine vitale Urbanität. City-Life bestimmt den Rhythmus dieser Städtelandschaft ebenso wie die Präsenz von Unternehmen mit internationalem Format, wie beispielsweise Veba Oel, Hüls oder Pilkington/Flachglas.

Die Emscher-Lippe-Region erstreckt sich von Castrop-Rauxel und Waltrop im Osten bis nach Bottrop und Gladbeck im Westen, von Gelsenkirchen, Recklinghausen und Herten im Süden bis nach Haltern als Übergang zum ländlichen Münsterland im Norden.

Die drei größten Kommunen sind Gelsenkirchen (288.000 Einwohner), Recklinghausen (126.000)

Gerd Fröhlich

Der Autor wurde 1949 in Heringen/Hessen geboren. Er absolvierte das Studium der Volkswirtschaft und der Politikwissenschaften an der Justus-Liebig-Universität in Gießen.
1971 – 1977 Assistent von Dr. Enders, Mitglied des Deutschen Bundestags.
1978 – 1979 Referent in der Stadtverwaltung Hannover.
1980 – 1983 Selbständigen- und wirtschaftspolitischer Referent des SPD-Parteivorstandes, Bonn.
1984 – 1987 Projektleiter „Japan“, Gesellschaft für Wirtschaftsförderung Nordrhein-Westfalen mbH, Düsseldorf.
1988 – 1990 Amtsleiter „Umweltschutz und Wirtschaftsförderung“, Recklinghausen.
Seit 1990 Prokurist der Emscher Lippe Agentur GmbH, Herten, und seit 1993 Geschäftsführer der Emscher Lippe Agentur GmbH, Herten.

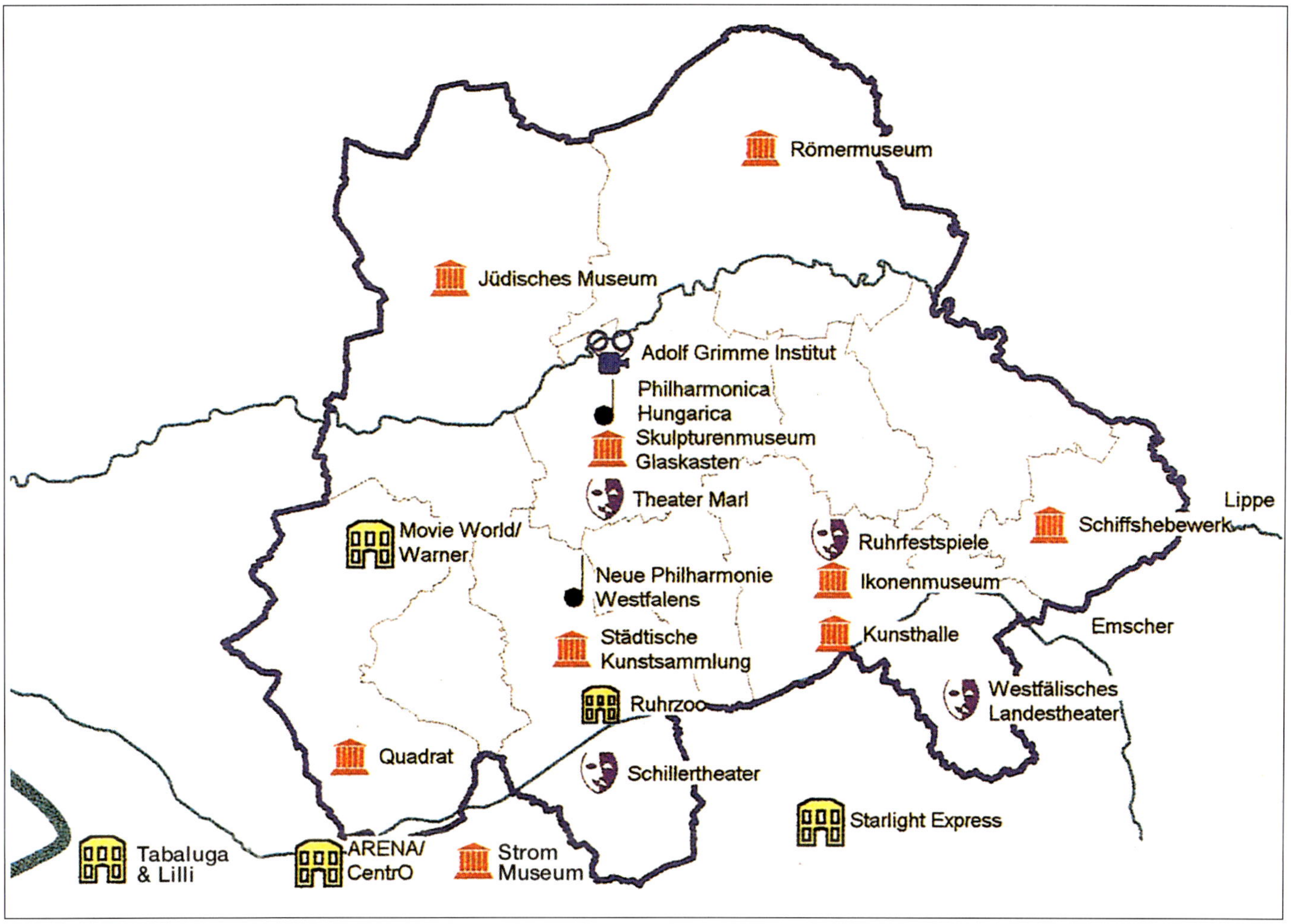

Abb. 2: Überregional bedeutende Kultureinrichtungen in der Emscher-Lippe-Region.

und Bottrop (121.000), die drei kleinsten sind Oer-Erkenschwick (31.000), Waltrop (31.000) und Haltern (36.000).

Die Region zeigt sich als Schmelztiegel von insgesamt 1,075 Mio. Menschen auf exakt 996 qkm Fläche – eine „europäische Metropole" in Aufbruchstimmung.

Eine Region zum Leben und Wohlfühlen

Als Verbindungsglied zwischen dem dicht besiedelten Ruhrgebiet im Süden und dem grünen Münsterland im Norden ist die Emscher-Lippe-Region eingebettet in eine große Stadt- und Naturlandschaft mit einem der vielfältigsten Kultur- und Freizeitangebote in Europa. Die Nähe zu den Ruhrgebietszentren Bochum, Essen und Dortmund in der Hellwegregion wie gerade auch die Vielfalt der im unmittelbaren Einzugsbereich vorhandenen kulturellen Angebote tragen zur Attraktivität und Lebendigkeit der Region bei. So verfügt auch die Emscher-Lippe-Region über eine Reihe von renommierten kulturellen Einrichtungen der „klassischen" Kultur, deren Bedeutung weit über die Region hinausgeht und teilweise europäische Dimensionen erreicht (Abb. 2).

Die „Freie Alternative Kulturszene" ist in der Region gut entwickelt; zahlreiche semiprofessionelle Theater- und Kabarettgruppen sowie Jazz- und Rockbands sind hier zu Hause. Zu nennen sind hier die Kaue in Gelsenkirchen, die Altstadt-Schmiede in Recklinghausen, das Glashaus in Herten sowie Schacht 8 in Marl.

Freizeit-Vielfalt: Zum einen naturnahe Erholung...

Neben den attraktiven Kulturangeboten kann die Emscher-Lippe-Region im Freizeitbereich mit einer breitgefächerten Angebotspalette aufwarten.

Emscher-Lippe hat sich zu einem bedeutenden Standort für den Reitsport in NRW entwickelt. In den Reitervereinen der Region sind rund 10.000 Reitpferde registriert. Dazu kommt mindestens noch einmal die gleiche Zahl unregistrierter Reitpferde. Weiterhin gibt es in der Region mehrere bekannte Gestüte und Trabrennfahrer, zwei Trabrennbahnen, eine Galopprennbahn, eine Vielzahl von Reit- und Bewegungshallen sowie ein über 200 km großes Reitwegenetz.

Die reichhaltig gegliederte Freizeit- und Erholungslandschaft hat überregionale Anziehungskraft und Fremdenverkehrsfunktion. Sie verfügt über

- Parkanlagen und Wasserschlösser, Natur- und Industriedenkmäler,
- gekennzeichnete Wander-, Reit- und Radwegenetze, Naturlehrpfade,
- ausgedehnte Wasser- und Waldflächen, eine landwirtschaftlich geprägte, abwechslungsreiche Kulturlandschaft. Besonders erwähnenswert sind der Naturpark Hohe Mark, die Haard und die Seenlandschaft östlich von Haltern (Abb. 3).

Abb. 3: Freizeitlandschaft rund um den Halterner Stausee.

...zum anderen Faszination durch Industriekultur

Die Bergbau- und Industriegeschichte der Region hat eine eigene Ausstrahlung und Faszination, die besonders durch die Projekte der Internationalen Bauaustellung IBA Emscherpark erlebbar werden. Der Landschaftspark der IBA lädt zu Entdeckungsreisen zu Fuß oder mit dem Fahrrad über Bergehalden („Landmarken") und stillgelegte Industrieflächen ein. So erschließen sich selbst den Bewohnern der Region, die auf diesen ehemaligen Zechen oder Industrieflächen gearbeitet haben, neue Eindrücke und Perspektiven (Abb. 4).

Als weitere Attraktion ist hier die Route der Industriekultur zu nennen. Sie verbindet einmalige bauliche und technische Denkmäler des Industriezeitalters im Ruhrgebiet. Das Kernnetz, das die industriekulturellen Highlights der Region darstellt, umfaßt derzeit 20 Ankerpunkte, u.a. das Schiffshebewerk Henrichenburg in Waltrop, den Chemiepark in Marl sowie den Nordsternpark in Gelsenkirchen.
Als attraktives Angebot mit überregionaler Ausstrahlung und daher besonderer Bedeutung auch für den Fremdenverkehr zieht der am 30.06.1996 eröffnete Filmpark Warner Bros. Movie World in Bottrop Besucher sogar aus dem benachbarten Ausland in die Region (Abb. 5).

Abb. 4: Der Bergbau hat die Landschaft neu gestaltet, z.B. in Form von begeh- und erlebbaren Halden. Im Bild: die IBA-Landmarke in Bottrop als „Haldenereignis Emscherblick".

Abb. 5: Illusion und Show in der Warner Brothers Movie World, Bottrop.

Mit dem mittlerweile erreichten Stand an Kultur- und Freizeiteinrichtungen und Übernachtungskapazitäten ist die Emscher-Lippe-Region dabei, sich als zunehmend attraktives Ziel für den Kurzzeit-Tourismus zu etablieren.

Die im folgenden genannten drei Projekte, an deren Realisierung mit Hochdruck gearbeitet wird, werden die positive Gesamtentwicklung nachhaltig stärken:

Projekt Alpin Center Ruhr: In Bottrop eine Bergbau-Halde über eine bis zu 300 Meter lange, überdachte Kunstschnee-Piste hinunterwedeln. Eine Vorstudie verspricht ein Investitionsvolumen von 130 Millionen DM und 200 Dauerarbeitsplätze.
Projekt Erlebniswelt Bergbau: Kein Museum, sondern ein lebendiges Steinkohlebergwerk – das verspricht diese weltweit einmalige Besucherattraktion, die an einem Standort in der Emscher-Lippe-Region realisiert werden soll.
Projekt Deutsches Fußball-Museum: Wo, wenn nicht nach Gelsenkirchen zum FC Schalke 04, gehört es hin? Im Herzen des Reviers soll im Deutschen Fußball-Museum mit Einsatz neuester Multimedia-Technologien das Phänomen Fußball unter sporthistorischen, sportwissenschaftlichen, soziologischen und alltagskulturellen Aspekten dargestellt werden.

Nicht mehr in der Projektphase, sondern bereits konkret im Bau ist ein weiteres Freizeit-Highlight der Emscher-Lippe-Region. Mitten in Gelsen-

Abb. 5.1: Auf das neue Superstadion „Auf Schalke“ sind alle stolz, hier besonders (v.l.): Jürgen Möllemann (Aufsichtsratsvorsitzender), Gerhard Rehberg (Vorsitzender), DFB-Präsident Egidius Braun, Rudi Assauer (Manager) sowie Josef Schnusenberg (stellv. Vorsitzender).

kirchen entsteht für 62.000 Zuschauer die Arena Auf Schalke. Sie kann sich dank herausfahrbarem Rasen und verschließbarem Dach in wenigen Stunden vom Fußballstadion in eine riesige Halle für Popkonzerte verwandeln (Abb. 5.1 und 5.2).

Wirtschaft und Arbeit

Emscher-Lippe, als Teil Nordrhein-Westfalens und des Ruhrgebietes, ist eine traditionelle Wirtschaftsregion im Aufwärtstrend.

Mit einer Bevölkerungsdichte von 500 Einwohnern pro qkm zählt das Land NRW zu den größten Ballungsräumen Europas. Allein in der Emscher-Lippe-Region leben auf rund 1.000 qkm 1 Mio. Menschen zusammen. Hier konzentriert sich eine Unternehmensvielfalt von überraschender Dichte und Kompetenz. In dieser Region sind sowohl Unternehmen mit Weltruf, mit modernen Technologien und bekannten Produkten heimisch als auch leistungsfähige mittlere und kleinere Unternehmen, die ihre Produktion auf die regionale Nachfrage abgestimmt haben. Durch den technisch hohen Standard, eine hohe Arbeitsproduktivität und -qualität, eine stabile Nachfrage sowie eine ausgezeichnete Infrastruktur bündeln sich in dieser Region die wirtschaftlichen Antriebskräfte.

Die Wirtschaftsstruktur der Emscher-Lippe-Region weist im Vergleich zu der des Bundeslandes Nordrhein-Westfalen deutliche Besonderheiten auf. So sind im produzierenden Gewerbe die Wirtschaftszweige Energie und Bergbau, Chemische Industrie, Nahrungs- und Genußmittel sowie das Baugewerbe überdurchschnittlich stark vertreten. Der Bergbau ist nach wie vor von besonderer Bedeutung. Die Region verfügt über fünf hochtechnisierte Förderanlagen (teilweise Verbundbergwerke) an den Standorten Bottrop, Dorsten, Herten, Marl und Recklinghausen mit einer Gesamtbelegschaft von 23.500 (Stand Mai 1998).

Der Steinkohlebergbau befindet sich allerdings auf breiter Front im Rückzug. Die Auflösung des montan-industriellen Komplexes führt zu einem erheblichen Arbeitsplatzabbau mit allen negativen sozialen Folgen. Die Region ist mit Energie und Weitsicht dabei, den dringend notwendigen Strukturwandel weiter voranzutreiben und ihn schließlich auch sozial verträglich zu vollenden, ohne dabei auf den Steinkohlebergbau als sichere Energiequelle verzichten zu wollen.

Von der Steinkohle zu einer zukunftsorientierten Energiewirtschaft

Ein Beispiel dafür, wie die Region sich zukunftsorientiert weiterentwickelt, ist die Energiewirtschaft. Die heimische Steinkohleförderung hat dazu geführt, daß sich die Emscher-Lippe-Region zur führenden Energieregion Deutschlands entwickelt hat. Die Initiative Energie-Region Emscher-Lippe hat sich zum Ziel gesetzt, die in der Region vorhandene Kompetenz in der Erzeugung und Verteilung von Energie auch für die neuen, regenerativen Energien zu nutzen.

Namhafte Forschungseinrichtungen im Bereich regenerative Energien/Solarenergie sind im Wissenschaftspark Gelsenkirchen und im Innovationszentrum Wiesenbusch in Gladbeck angesiedelt. Im Sommer 1998 fand außerdem die Grundsteinlegung für die Solarzellenfabrik Gelsenkirchen statt, der weltgrößten Fertigungsstätte zur Produktion von Photovoltaikzellen.

Abb. 5.2: Ab 2001 hat Gelsenkirchen eine neue Augenweide: die Arena „Auf Schalke“.

Abb. 6: Der Chemiepark Marl aus der Vogelperspektive.

Als Bestandteil des Montankomplexes im Ruhrgebiet hat sich ebenfalls die chemische Industrie zu einem prägenden Bestandteil der Wirtschaftsstruktur in der Region entwickelt. Das Werk Marl der Degussa-Hüls AG ist der drittgrößte Chemiestandort Deutschlands (Abb. 6).

Obwohl in den vergangen Jahren ein Rückgang der Beschäftigtenzahl zu verzeichnen war, ist die Chemische Industrie die fünftgrößte Branche in der Region. Wegen ihres Innovationspotentials und ihrer starken Position im internationalen Wettbewerb wird die Chemische Industrie in der Region als eine der Leitbranchen der künftigen wirtschaftlichen Entwicklung eingestuft.

Innovationsprojekt ChemSite

Eine wichtige Rolle bei der ökonomischen (und ökologischen) Erneuerung der Region spielt das Projekt ChemSite, das auf Initiative der Hüls AG (Marl) entstanden ist und dem die Firmen Veba Oel AG (Gelsenkirchen), Rütgers VFT AG (Castrop-Rauxel), Steag AG (Essen), MC-Bauchemie (Bottrop) und die Redestillationsgemeinschaft Gelsenkirchen in einer gemeinsamen Vereinbarung mit den Kommunen, dem Land NRW, der Bezirksregierung, der IHK und der Emscher Lippe Agentur GmbH beigetreten sind. Ziel des Projektes ist die weltweite Akquisition von Unternehmen der Chemieindustrie, die in der Region ein einmaliges Angebot an chemiebezogener Infrastruktur und einen umfassenden Service bei Ansiedlungsverfahren vorfinden. Ansiedlungswillige Betriebe können von zahlreichen Synergieeffekten aus den bestehenden Strukturen profitieren, z. B. in den Bereichen der Energie- und Rohstoffversorgung, der Infrastruktur oder Dienstleistung (Abb. 7).

Verbunden mit ChemSite ist das „Bündnis für Innovationen“ (BfI). Es fördert vor allem auch Existenzgründer aus dem Chemiebereich, etwa durch die Vergabe von Patenten oder durch unmittelbare Unterstützung in Form von Finanzierungshilfen bei Betriebsgründungen. Eine solche Entwicklung sichert durch die Schaffung neuer Arbeitsplätze, durch die Entwicklung neuer Produkte und Produktionsverfahren den Chemiestandort Emscher-Lippe.

ChemSite
Your base for chemical production in Europe!

Abb. 7: ChemSite, internationales Standortangebot für Chemiefirmen.

Zukunftsstandorte sind aber auch neue Industrieflächen wie der NewPark, der Industriepark Dorsten/Marl oder der bei Datteln und Waltrop nach einer zukunftsweisenden Rahmenplanung zu entwickelnde Industriepark Lippetal.

So versucht die Emscher-Lippe-Region, ihre montan- bzw. großindustrielle Vergangenheit standortspezifisch, ergebnisorientiert und mit viel Kreativität zu bewältigen (Abb. 8).

Die Emscher Lippe Agentur

Die Emscher-Lippe-Region als Wirtschaftsraum war und ist mit regionalen Strukturproblemen konfrontiert. Nur durch die Bündelung der regionalen Kräfte können diese Probleme gemeinsam

Abb. 8: Strukturwandel in der Emscher-Lippe-Region: Wissenschaftspark Gelsenkirchen, 1995 eingeweiht auf dem Gelände des ehemaligen Thyssen-Gußstahlwerks. Hier arbeiten mittlerweile 300 Menschen.

bewältigt werden. Es bedurfte also einer Wirtschaftsförderungseinrichtung als regionale Ergänzung zur kommunalen Wirtschaftsförderung, um kurze Wege zu garantieren und besser ortsübergreifend agieren zu können.

Modell Public Private Partnership

So wurde nach dem Modell der Public-Private-Partnership die Emscher Lippe Agentur am 3. Mai 1990 von damals 36 Gesellschaftern als „Gesellschaft zur Strukturverbesserung im nördlichen Ruhrgebiet" gegründet. Sie wurde konzipiert als Einrichtung, die in Abstimmung mit den kommunalen Wirtschaftsförderern und den Kammern zusätzliche Aufgaben der Wirtschaftsförderung wahrnehmen und die Kräfte für die Region bündeln sollte.
Die Zahl der Gesellschafter ist inzwischen (Stand 12-98) auf 55 angewachsen. Neben dem Kreis Recklinghausen mit seinen zehn Kommunen und den kreisfreien Städten Bottrop und Gelsenkirchen zählen dazu:

die Industrie- und Handelskammer zu Münster, die Handwerkskammer Münster, die Kreishandwerkerschaften, die Westdeutsche Landesbank und sieben Sparkassen der Region.

Außerdem tragen inzwischen 37 bedeutende Wirtschaftsunternehmen die Emscher Lippe Agentur. Ihre Gremien sind der Aufsichtsrat (Vorsitzender ist der Gelsenkirchener Bundestagsabgeordnete Joachim Poß), der Beirat (Vorsitzender ist Prof. Dr. Paul Klemmer, Präsident des RWI, Essen) und die Gesellschafterversammlung.

Die Emscher Lippe Agentur ist Kontaktstelle sowohl für die Betriebe der Region als auch für in- und ausländische Unternehmen. Zu ihren Aufgaben zählt u.a. die Informationsvermittlung über

- Standorte, Industrie- und Gewerbeflächen
- Arbeitsmarkt und Infrastruktur
- Kooperations- und Zuliefermöglichkeiten
- Investitionshilfen und Finanzierungskonzepte ■

EMSCHER LIPPE
Unsere Region

Emscher Lippe Agentur GmbH

Herner Straße 10
45699 Herten
Telefon (02366) 10 98-0
Telefax (02366) 10 98-24

E-mail info@ela-online.de
Internet www.ela-online.de

PLM – einer der führenden Verpackungshersteller

PLM produziert jährlich in hoher Qualität etwa 1,4 Mrd. Dosen und 5,1 Mrd. Deckel für den europäischen Markt

Das Recklinghäuser Werk wurde 1968 von der Kaiser Aluminium GmbH gegründet. Es war seinerzeit das erste Werk in Europa, das zweiteilige Getränkedosen herstellte.
Über die Jahre änderten sich einige Male die Besitzverhältnisse, bis 1988 das dann als Gerro Reynolds firmierende Werk vom PLM-Konzern übernommen und in PLM Recklinghausen Dosenwerk GmbH umbenannt wurde.

Mit Fug und Recht kann man sagen, daß PLM Recklinghausen Europa beliefert, denn mehr als zwei Drittel der Produktion werden in die Nachbarländer exportiert. Zur Stärkung seiner Position als einer der führenden Hersteller in unserem Markt verfolgt PLM vier Schlüsselkonzepte: Qualität, Produktivität, Flexibilität und Kompetenz.

Qualität

Ziel ist es, die Qualitätsanforderungen auch der anspruchsvollsten Kunden zu erfüllen oder sogar zu übertreffen. Für PLM schließt der Begriff Qualität alles ein, von den technischen Eigenschaften der Dosen und Deckel über die Druckbeschaffenheit und die Lieferbereitschaft bis zum persönlichen Kontakt zu den Kunden. PLM Recklinghausen ist seit Anfang 1993 gemäß ISO 9002 zertifiziert.

Produktivität

PLM erarbeitet und führt ständig Programme durch, die auf eine Erhöhung der Produktivität und eine Verminderung von Materialverbrauch und Ausschuß gerichtet sind. Dadurch spart das Unternehmen Kosten ein und wird noch wettbewerbsfähiger in einem anspruchsvollen Markt.

In enger Zusammenarbeit mit den anderen Werken der PLM Beverage Can Division und mit Unterstützung durch die Ball Corporation, einem der führenden Getränkedosenhersteller in den USA, werden die Anlagen und Prozesse ständig dem Stand der Technik angepaßt. Die Jahreskapazität beträgt etwa 1,4 Mrd. Dosen und 5,1 Mrd. Deckel. Den Deckelüberhang liefert das Werk an die Schwesterwerke in Berlin, Frankreich, Österreich und Rußland. Die Standardgrößen der Aluminiumdosen sind 15, 20, 25, 33 und 35 cl. Andere Größen, auch Dosen aus Weißblech, können von den Schwesterwerken geliefert werden.

Flexibilität

Der Getränkemarkt ist sehr dynamisch, und klimatische Bedingungen sowie großangelegte Werbekampagnen können zu schnell wechselndem Konsumverhalten führen. Organisation und Abläufe sind deshalb auf ein hohes Maß an Flexibilität ausgelegt, so daß PLM auf neue Anforderungen der Kunden und ihrer Märkte umgehend reagieren kann.

Kompetenz

Neue Ideen und die Erfahrungen von Partnern innerhalb und außerhalb der Beverage Can Division sind für das weitere Wachstum äußerst wichtig.

Deshalb ist PLM ständig darum bemüht, den bereits hohen Ausbildungsstand der Belegschaft weiter zu verbessern, so daß neue Impulse von außen schnell und wirksam in der eigenen Organisation umgesetzt werden können.

Die PLM - Gruppe

PLM fertigt und vertreibt eine Vielzahl von Konsumgütern aus Metall, Glas und Kunststoff, in erster Linie für die europäische Getränke- und Lebensmittelindustrie.

PLM gehört in diesen Marktsegmenten zu den führenden Verpackungsherstellern Europas, nicht nur in Bezug auf die Größe und Rentabilität, sondern auch im Hinblick auf Qualität, Service, Produktentwicklung, Produktivität sowie Engagement in Umweltfragen und Recycling. Der Konzern ist stark dezentralisiert und gliedert sich in die drei Divisionen PLM Beverage Can Division, PLM Glass Division und PLM Plastics Division. Die Produktion erfolgt in 16 Fabriken in Schweden, Dänemark, Norwegen, Holland, Deutschland, Großbritannien, Frankreich, Österreich, Polen, Rußland und der Tschechischen Republik. Der Jahresumsatz lag in 1997 bei ca. 2.000 Mio. DM und die Gesamtzahl der Mitarbeiter betrug ca 6.000.

PLM-Recklinghausen und die Umwelt

In unserem Werk werden alle betrieblichen Schritte auch unter ökologischen Gesichtspunkten betrachtet. Das geht von der Auswahl und Verwertung von Rohstoffen über die einzelnen Stufen des Produktionsprozesses und die sichere Handhabung der Produkte bis hin zu ihrer Nutzung nach Gebrauch.

Aluminiumdosen von PLM.

Wir informieren uns kontinuierlich über alternative Herstellungsverfahren sowie Abfallverwertungs- und Recyclingsysteme.

Das Gewicht der Dose wurde in den letzten Jahren um fast ein Drittel reduziert, was zu einer erheblichen Einsparung an Ressourcen führte.

Die bei uns eingesetzten Lacke und Farben sind auf wasserlöslicher Basis hergestellt.

1993 haben wir eine neue Thermische Nachverbrennung in Betrieb genommen, die die Restlösungsmittel aus der Abluft weitestgehend eliminiert. Die zulässigen Emissionswerte gemäßt TA Luft werden weit unterschritten.

Wir geben der Umwelt eine sehr hohe Priorität.

Das gilt auch für die Arbeitsbedingungen in unserem Werk. Zahlreiche Schallschutzmaßnahmen wurden ausgeführt oder sind geplant.

Wir bemühen uns, Maschinen, Ausrüstung, Gebäude und Betriebsgelände zu jeder Zeit in einem sauberen und gepflegten Zustand zu erhalten, um die Qualität unserer Arbeit und unserer Produkte zu verbessern.

PLM BEVERAGE CAN
RECKLINGHAUSEN

PLM RECKLINGHAUSEN DOSENWERK GmbH

Geschäftsführer:
Manfred Dunker
Lars Emilson
Horst-Dieter Klingl

Gründungsjahr:
1968

Mitarbeiter:
ca. 450

Produktpalette:
Getränkedosen und -deckel aus Aluminium

Produktionslinien:
3 Dosenlinien, 4 Deckellinien

Kapazität:
ca. 1.400 Mio. Dosen/Jahr,
ca. 5.100 Mio. Deckel/Jahr

ISO-Zertifizierung:
9002 seit Anfang 1993
14001 seit Anfang 1998

Anschrift:
Hellbachstraße
45661 Recklinghausen
Telefon (02361) 603-0
Telefax (02361) 603-270
E-mail it.rec.bevcan@plmpac.com

IBA Emscher Park – ein Strukturprogramm und seine Projekte in Recklinghausen

I B A '9 9 Internationale Bauausstellung Emscher Park

Noch 1999 endet die Internationale Bauausstellung Emscher Park (IBA) mit Sitz in den alten Gebäuden der Zeche Rheinelbe in Gelsenkirchen. Als Strukturprogramm war sie von Anfang an auf eine Laufzeit von zehn Jahren festgelegt worden. Der Zeitraum mit einer festen Endmarke war allen Beteiligten Ansporn, zügig und kreativ Projekte für die Erneuerung des nördlichen Ruhrgebiets zu entwickeln und umzusetzen. Viele wegweisende Projekte sind umgesetzt worden. Auf 17 Emscher-Städte verteilen sich die rund 110 Projekte. In Recklinghausen sind einige davon umgesetzt worden.

Als eins der umfangreichsten, integrierten Strukturprogramme hat die IBA bauliche Erkennungszeichen im Ruhrgebiet hinterlassen. Darüber hinaus wurde ein neues Bewußtsein geschaffen für die Besonderheiten und Erfordernisse einer alten Industrieregion, die den Schritt in eine neue Zukunft wagt. Die Recklinghausener Projekte zeigen im kleinen, in welche Richtung ein Wandel gehen kann, der sich die ökologische Erneuerung und die kulturelle Profilierung einer Region zum Ziel gemacht hat. Dabei läßt sich eins ganz deutlich spüren: Es gibt ein neues Selbstbewußtsein in der Region, das sich an vielen neuen Wahrzeichen für das Ruhrgebiet festmacht, das zugleich ein Bekenntnis zu seiner Bergbau- und Industrievergangenheit ist und den „Mythos Montan" neu erleben läßt.

Die IBA-Themen

Die städtebauliche und ökologische Erneuerung war der Arbeitsauftrag, den die IBA Emscher Park 1989 von der Landesregierung Nordrhein-Westfalen erhielt. Die IBA als 100prozentige Tochter-

Anette Kolkau

Die Autorin, Jahrgang 1962, ist Journalistin aus Essen. Seit 1992 ist die gebürtige Norddeutsche für die Internationale Bauausstellung Emscher Park tätig. Als Pressesprecherin hat sie die Arbeit der IBA in den 17 Emscher Städten begleitet.

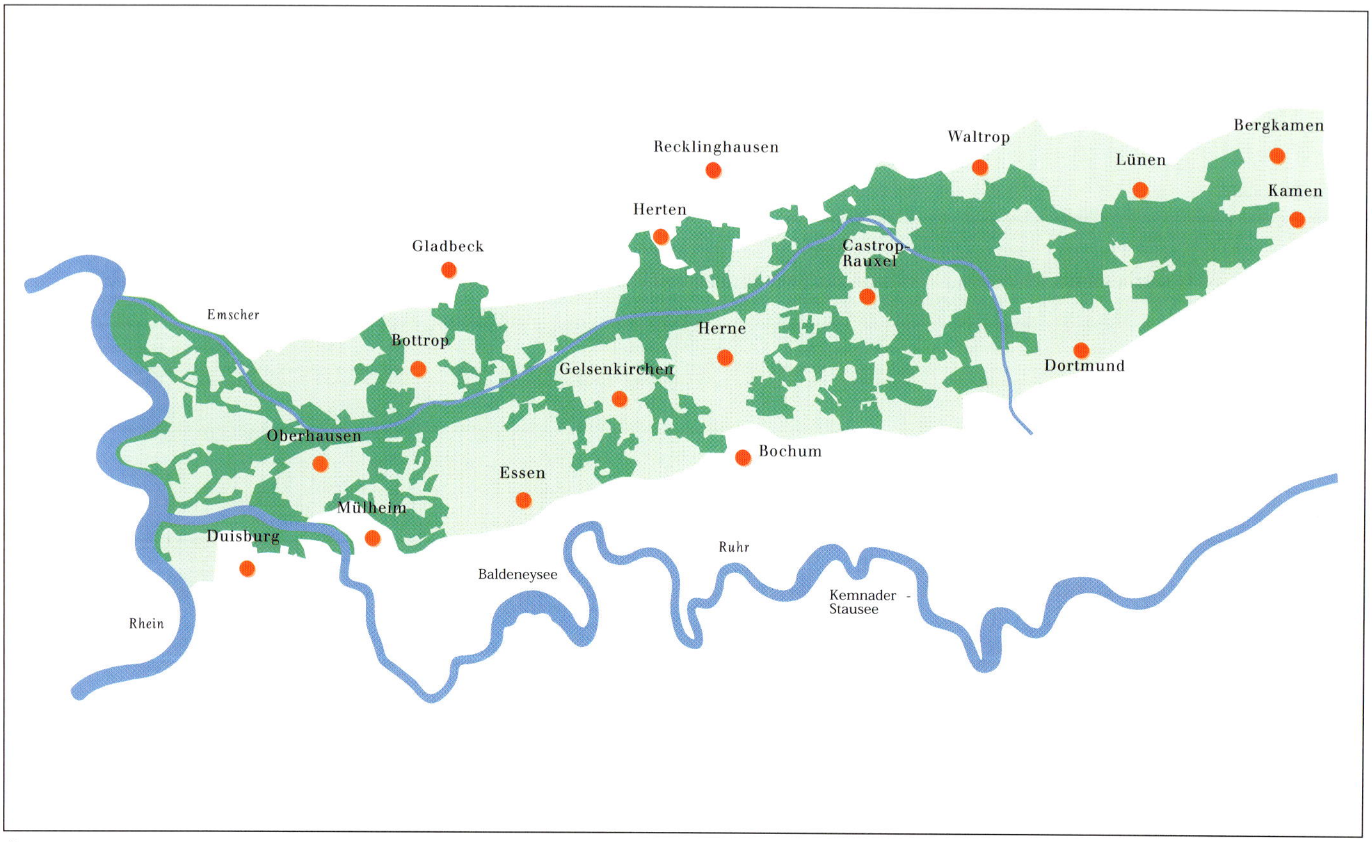

Übersicht über die Projektstandorte der IBA Emscher Park.

Alternatives Wohnen in Recklinghausen-Süd.

gesellschaft des Landes Nordrhein-Westfalen hat dabei in Kooperation mit den Kommunen, Unternehmen und Bürgern des Ruhrgebiets impulsgebende Projekte in folgenden Bereichen entwickelt:

- Wohnungsbau
- Erhalt und Neunutzung von Industriedenkmälern
- Entwicklung von Gewerbestandorten auf ehemaligen Bergbauflächen
- Entwicklung von Landschaft („Emscher Landschaftspark")
- Umbau des Emscher Systems

Die Verbesserung der Lebensqualität in einer von Bergbau und Industrie vernutzten Region stand im Vordergrund und damit die Schaffung weicher Standortfaktoren. Mit den Projekten der IBA Emscher Park sollte ein „Grundstock" für die Erneuerung des Ruhrgebiets in ökologischer, wirtschaftlicher, sozialer und kultureller Hinsicht geschaffen werden.

Ein kurze Bilanz

Über 110 Projekte konnten in 10 Jahren auf den Weg gebracht werden. Rund 5 Milliarden Mark sind in die Projekte geflossen. Ein Drittel davon sind private Investitionen, zwei Drittel sind Gelder, die aus den Förderprogrammen des Landes Nordrhein-Westfalen und der EU sowie aus den Kassen der Kommunen kommen. Dabei ist zu erwähnen, daß es keine speziellen IBA-Fördertöpfe gab, sondern daß auf existente Programme zurückgegriffen wurde. Diese Mittel sind allerdings besser miteinander kombiniert und mit Priorität in IBA-Projekte investiert worden, das heißt in Projekte, die besonders auf ihre ökologischen, sozialen und städtebaulichen Qualitäten hin geprüft worden sind. Bei der Entwicklung der Projekte übte die IBA immer die Rolle einer Moderations- und Initiationsinstanz aus.

Das Querschnittthema schlechthin bei allen IBA-Projekten war und ist die Entwicklung der Landschaft. Gerade in diesem für die Gestaltung der Region so zentralen Bereich, der bei dem Bau von neuen Siedlungen genauso eine wichtige Rolle einnimmt wie bei der Errichtung von Gewerbeparks, hat das Ruhrgebiet zu ganz eigenen Ansätzen gefunden. Grundvoraussetzung war die Schaffung einer neuen Planungskultur mit neuen Planungsinstrumentarien: Mit den Interkommunalen Arbeitsgemeinschaften wird im Bereich der Grünflächenplanung städteübergreifend und in Kooperation mit dem Kommunalverband als Leitplaner gearbeitet. Hier findet Planung aus einem Guß für jeden der 7 zu entwickelnden Grünzüge des Reviers statt. Viele der Projekte sind völlig unkonventionelle und damit sehr maßgeschneiderte Lösungen für die Entwicklung einer vernutzten Stadtlandschaft: Damit sind nicht nur die Brachflächen wiederbelebenden Gartenschauen (Landesgartenschau Lünen 96, Bundesgartenschau Gelsenkirchen 1997 und Landesgartenschau Oberhausen 1999) gemeint, sondern unter anderem die Einrichtung eines Landschaftsparks mitten in einem stillgelegten Hüttenwerksgelände in Duisburg oder die Pflege der wilden Industriewälder mitten in der Stadt.

Darüber hinaus gibt es die vielen über den Planungsraum zwischen Duisburg und Dortmund verstreuten erlebbaren Projekte, die zum Teil ganz eindrucksvolle Beispiele für eine neue **Baukultur** sind. Dazu gehört das Netzwerk von 16 Technologie- und Gründerzentren mitsamt dem hochwertigen Gewerbeflächenangebot von ca. 500 Hektar. Bei allen Planungen stand die Durchführung von Wettbewerben für Städtebau und Architektur im Vordergrund, um hohe Gestaltqualität zu erreichen und den Grundstein für eine neue Baukultur in der Region zu legen.

Im Handlungsfeld **Wohnen** hat die IBA mit der Erneuerung der gartenstädtischen Arbeitersied-

Alternatives Wohnen in Recklinghausen-Süd.

lungen und dem neuen Wohnungs- und Siedlungsbau beispielhafte Projekte eines qualitätvollen städtischen Wohnungsbaus entwickelt. Jeweils ca. 2.000 Wohnungen im Bestand und im Neubau sind entweder fertiggestellt worden oder im Bau.

Eine zentrale Rolle in den vergangenen Jahren haben die Diskussionen um die vielen baulichen Hinterlassenschaften von Bergbau und Industrie gespielt. Ihr metaphorischer Gehalt für Blüte und Niedergang einer Industrieregion ist nicht zu unterschätzen. Zu jeder Zeit waren die Zechenanlagen und Hüttenwerke emotional besetzt, definierten sie doch schließlich alle Lebensbereiche der Menschen im Ruhrgebiet und waren Teil der Identität.
Wenn man sie auch zwischenzeitlich entweder abgerissen hat oder abreißen wollte, weil man sie als Denkmal für schmutzige und verlorengegangene Arbeit verdrängen wollte, so haben sie jetzt wieder ihre alte Rolle: Gefüllt mit neuem Leben sind sie wieder vorzeigbar, ohne daß sie die Geschichte des Reviers leugnen. Es hat Zeit gekostet, sich erneut den **Industriedenkmalen** anzunähern, sie neu zu entdecken, sie anders zu nutzen und sogar zu präsentieren.

Wenn jetzt das alte Hüttenwerk im Landschaftspark Duisburg Nord aktiv für Freizeit- und kulturelle Zwecke genutzt und nachts in eine prächtige, weithin sichtbare Lichtskulptur verwandelt wird, dann ist das Zeugnis für einen ganz eigenen Weg in die Zukunft, den die Region entwickelt hat und ein neues **Selbstbewußtsein** – Grundlage wiederum dafür, sich dem Strukturwandel mit ganz anderen, neuen Themen zu nähern.

Tourismus und Kulturwirtschaft sind damit gemeint, die in der neu belebten Industriekultur eine Basis finden. In der Fülle wie im Ruhrgebiet, hat das kaum eine andere Region zu bieten. Industriekultur und kulturelle Ereignisse, die mit den Eigenheiten der Industrielandschaft kokettieren, die sich die Industriedenkmale zur Kulisse machen. Touristen und die Besucher des IBA-Finales werden überrascht sein, die Emscher Region mit ihrem ganz neuen Gesicht kennenzulernen und unter ganz neuem Vorzeichen zu erleben. Die unlängst gegründete Ruhrgebietstourismus GmbH und die Kultur Ruhr GmbH werden auch nach Beendigung der Bauausstellung an diesen Themen weiterarbeiten.

Die Endpräsentation der IBA 1999 will gerade diese neuen Bilder des Ruhrgebiets nach außen tragen und vielerorts dafür sorgen, daß überaltete Wahrnehmungen vom Revier korrigiert werden. Insofern ist sie als ein gewaltiger Kommunikationsakt zu werten, der mit klischeehaften Wahrnehmungen des Ruhrgebiets bricht. Die Schlußpräsentation ist allerdings nicht als Endpunkt einer Entwicklung zu sehen, sondern als Signal für einen Aufbruch und die Weiterentwicklung der Region.

Die Projekte in Recklinghausen

„Alternatives Wohnen" ist der Titel eines Projekts, das mit seiner ungewöhnlichen Planung und Durchführung viel Fachpublikum nach Recklinghausen geführt hat. Die Wohnungsgesellschaft Recklinghausen als Trägerin hat auf dem Grundstück Grullbadstraße/Ecke Bochumer Straße 1994 36 öffentlich geförderte Wohnungen gebaut. Alternativ waren an diesem Wohnungsbauvorhaben vor allem zwei Dinge: das Planungsverfahren und die Zusammensetzung der Mieterinnen und Mieter, vorrangig Alleinerziehende, Wohngemeinschaften und unverheiratete Paare.

Das Konzept für diese Wohnanlage ist das Ergebnis eines experimentell angelegten Planungsprozesses, der zu einem sehr frühen Zeitpunkt die zukünftigen Nutzerinnen und Nutzergruppen einbezog. Durchgeführt wurde kein klassischer Architektenwettbewerb, sondern eine Mehrfachbeauftragung von drei Architektinnenteams, die sich die Vertreter von Interessenverbänden und Vereinen sowie künftige Mieter mit ausgesucht hatten. Ganztägige Bewohnerseminare klärten wichtige Fragen im Vorfeld der Jurysitzung, unterstützt durch eine sachkundige Moderation durch die WohnBund-Beratung NRW zur „Lesbarkeit" von Plänen und Entwürfen. Die gemeinsame Vorprüfarbeit bereicherte dabei die Qualität der Entwurfsgestaltung.

In den Preisgerichtssitzungen übernahmen gewählte Bewohnervertreter die Berichterstattung der Vorprüfung und wirkten wesentlich bei der Entscheidung mit. Aus dieser Mitgestaltungsphase resultierten eine Reihe von Überarbeitungsvorschlägen, die die künftigen MieterInnen als ausgezeichnete „Bauherrenvertreter" auswiesen. Nach Abschluß dieses „Planungsprozesses in Alternativen" wurde das Team Prof. Ursula Ringleben/Christa Reicher, Düsseldorf/Aachen mit der architektonischen Gestaltung der neuen Wohnanlage beauftragt.

Zu den weiteren Besonderheiten des Projekts zählen die kindgerechte Gestaltung des unmittelbaren Wohnumfelds, der Bau einer Kindertagesstätte und eines unterschiedlich nutzbaren Gemeinschaftshauses und die Zusammenarbeit mit sozialen Verbänden, wie dem Verband der Alleinerziehenden.

Gegenstand der intensiven Nutzerbeteiligung waren auch Themen wie ökologisches Bauen, Versickerung von Regenwasser, Energieeinsparung und eine umweltverträgliche Material- und Konstruktionswahl.
Das Projekt wurde in einem 2. Bauabschnitt mit 10 Wohnungen und zwei Gewerbeeinheiten ergänzt.

Die Siedlung „Im Ziegelgrund" ist ebenfalls ein Projekt der Wohnungsgesellschaft Recklinghausen: Auf dem Gelände einer ehemaligen Ziegelei an der Dortmunder Straße in Recklinghausen entstand eine Wohnsiedlung. 170 Wohnungen waren geplant, davon allein 100 im öffentlichen geförderten Mietwohnungsbau. Zur Siedlung gehören ebenfalls Wohnergänzungseinrichtungen für nachbarschaftliche Gruppen und eine Kindertagesstätte. Die künftigen Bewohner und Bewohnerinnen wurden vor allem im Bereich der Gestaltung der Außenanlagen frühzeitig am Planungsprozeß beteiligt.
Das architektonische Konzept für die Ziegelgrund-Siedlung beruht auf einer Arbeit des Architekturbüros Kostulski und Kaut aus Aachen zum Thema „Ökologisches Bauen". Die hellen Gebäudezeilen mit ihren begrünten Flachdächern

Gartenanlage in der Siedlung „Im Ziegelgrund".

Das VEW-Umspannwerk wird ein Museum aufnehmen.

erinnern ein wenig an die Wohnhausarchitektur der 20er/30er Jahre: Klare Formen, streng rechtwinklige Anordnung der Fenster, Erker und Loggien und gliedernde Details wie z.B. die Attika-Aufkantung, die den Dachabschluß schlank und leicht macht. Die Wohnräume öffnen sich mit großen Fenstern nach Süden hin.

Der Mietwohnungsteil der Siedlung ist im „Niedrigenergiehaus-Standard" errichtet. Das bedeutet: ein hoher baulicher Wärmeschutz, die Optimierung passiver Sonnenenergienutzung durch geschickte Gebäudekonzeptionen und die intelligente Anwendung mittlerweile etablierter Systeme der Lüftungstechnik und des Fensterbaus. Der Energiebedarf der Siedlung für Elektrizität, Heizung und Warmwasseraufbereitung wird durch eine siedlungseigene dezentrale Anlage gedeckt werden. Durch Nachrüstung können in den Wohnungen thermoelektrische Konverter (Kraft-Wärme-Kopplungsanlage) eingebaut werden.

Die hohen energetischen Standards entsprechen der konsequent ökologischen Bauweise:
- ein auf Mindestquerschnitte reduziertes Erschließungssystem
- ein integriertes Regenwasserkonzept mit Regenwasserversickerung, -sammlung und -nutzung
- der Einsatz von ökologisch verträglichen Baumaterialien und Konstruktionen.

Das Umspannwerk der Vereinigten Elektrizitätswerke Westfalen ENERGIE AG (VEW) hat nach dem Umbau eine weitere Funktion gewonnen: Es soll auf den 2.000 Quadratmetern neu gewonnener Fläche ein Museum zur Geschichte der Elektrizität und u.a. das Unternehmensarchiv der VEW aufnehmen.

Unmittelbar an der Stadtgrenze zu Herne an der Emscher und dem Rhein-Herne-Kanal gelegen, bildet das denkmalgeschützte Umspannwerk der VEW mit seiner liebevoll restaurierten Fassade des impressionistischen Backsteinbaus aus den 20er Jahren ein markantes städtebauliches Entrée zum Stadtteil Recklinghausen-Süd. Es ist mittlerweile ein Anlaufpunkt auf der Route der Industriekultur, die Besucher auf den Pfaden der Industriegeschichte durch das Ruhrgebiet führt.

Das Bauwerk ist nicht nur ein Kulturdenkmal und städtebaulicher Blickfang, sondern vor allem ein Beweis dafür, wie modernste Technik und historisches Ambiente zusammengehen können. Beeinflußt durch die IBA Emscher Park haben die VEW ihren ursprünglichen Plan aufgegeben, die alten Gebäude abzureißen und durch eine neue Freiluftanlage zu ersetzen.

In eigener Initiative und in Zusammenarbeit mit dem westfälischen Amt für Denkmalpflege und der Stadt Recklinghausen entwickelten die VEW eine bauliche und technische Lösung für den Erhalt, die Restauration und die Installation eines neuen Umspannwerks in dem historischen Gebäude.

Das Projekt ist für die Internationale Bauausstellung bedeutsam, weil
- eines der Technikdenkmäler aus den 20er Jahren in der Emscher-Region erhalten blieb, und in diesem Fall sogar die alte auch die neue Nutzung ist,

VEW-Umspannwerk.

Das Stadtteilzentrum Recklinghausen-Süd.

- in kreativer Zusammenarbeit zwischen Konstrukteuren und Architekten eine bauliche und technische Neukonzeption gefunden wurde, die den Einbau einer neuen Umspannanlage in die beengten Raumverhältnisse möglich machte,
- ein Unternehmen auf eigene Initiative ein Projekt im Sinne der IBA-Qualitätsanforderungen auf den Weg brachte und sogar maßgeblich selbst finanzierte.

1927/28 von den VEW erbaut, ist das Recklinghäuser Umspannwerk ein klassisches Beispiel der modernen 20er-Jahre-Industriearchitektur. In Anspielung auf die damals vielbeachtete Architektur der AEG erhielt das Umspannwerk den Spitznamen „AEG-Kirche".

Der Stadtteilpark Recklinghausen-Hochlarmark ist ein Projekt des Fördervereins Bergbau- und Industriegeschichte Recklinghausen e.V., der Stadt Recklinghausen und des Kommunalverbands Ruhrgebiet.

Das 8,4 Hektar große Gelände der ehemaligen Zeche Recklinghausen II in Hochlarmark wird zu einem Stadtteilpark mit einem hohen Freizeit- und Erholungswert für die Bevölkerung entwickelt.

Die Konzeption zur Gestaltung des Parks berücksichtigt die Geschichte und Identität des Ortes und rückt die Industriekultur bewußt in den Mittelpunkt.

Im Zentrum stehen das Fördergerüst und das Maschinenhaus des Schachtes IV, das sich schon in den letzten Jahren zu einer Sport-, Spiel- und Kulturstätte im Stadtteil entwickelt hat. Das doppelte Maschinenhaus soll mit seinem westlichen Teil zu einem bergbau- und stadtteilgeschichtlichen Museum werden, der östliche Teil wird als stadtteilkulturelles Zentrum und Sportstätte neu genutzt.

Der Stadtteil Hochlarmark in Recklinghausen ist in das integrierte Handlungsprogramm des Landes NRW für Stadtteile mit besonderem Erneuerungsbedarf aufgenommen. In diesem Stadtteil ergänzen sich die historische „Dreieckssiedlung", das Gelände der ehemaligen Zeche Recklinghausen mit den denkmalgeschützten Übertageanlagen des Schachtes IV Konrad Ende und das benachbarte Landschaftsbauwerk Hoheward zu einem seltenen städtebaulichen Ensemble.

1998 begannen bereits Sanierungsmaßnahmen am Fördermaschinenhaus in einem ersten Bauabschnitt. Das Fördermaschinenhaus befindet sich im Eigentum des Fördervereins für Bergbau-

und Energiegeschichte Recklinghausen. Der nächste Bauabschnitt beginnt mit dem Frühjahr 1999. Mit der Fertigstellung des Gesamtprojektes ist spätestens Mitte 2001 zu rechnen.

Die Geschichte der Zeche Recklinghausen II begann im Jahr 1882 mit den Abteufarbeiten für den ersten Schacht der Zeche Clerget II („Zeche Klärchen“). 1884 wurde die erste Kohle gefördert, die Zeche, 1889 umbenannt in „Recklinghausen II“, wurde zum dominierenden Wirtschaftsfaktor und ließ das Dorf Hochlarmark mit kaum 100 Einwohnern zum Stadtteil anwachsen. Für die zugewanderten Bergleute ließ die Bergwerksgesellschaft ab 1907 die historische Dreieckssiedlung bauen. 1961 wurde der Schacht IV „Konrad Ende“ abgeteuft, von dem heute nur noch der Förderturm und das doppelte Fördermaschinenhaus erhalten sind.

Um integrierte Stadtteilentwicklung geht es bei dem **Stadtteilzentrum Recklinghausen-Süd**: Eine unterentwickelte Einzelhandelsstruktur, Verkehrsbelastung, mangelnde gestalterische Qualität etc. prägen heute den Stadtteil. Seit Jahren laufen unterschiedliche Erneuerungsmaßnahmen wie z. B. „östliche Südstadt“. Das Bürgerhaus Süd wurde als örtliche Begegnungsstätte eingerichtet, die Bochumer Straße verkehrsberuhigt. Dieser Ansatz wurde durch weitere andere Projekte vervollständigt:

- die Realisierung von Wohnprojekten, darunter „Alternatives Wohnen“ an der Ecke Grullbadstraße/Bochumer Straße mit 36 neuen Wohnungen (vgl. folgende Seiten),
- die städtebauliche und gestalterische Einbindung des denkmalgeschützten VEW-Umspannwerks am südlichen Ende des Stadtteils,
- die Entwicklung innovativer Projekte aus dem sozialen und kulturellen Bereich und deren Verknüpfung mit räumlichen Handlungsschwerpunkten und weitere zielgruppenbezogene Wohnprojekte im Stadtteil.

Ein räumlicher Schwerpunkt liegt im Bereich des Neumarkts und des Kaufhauses an der Bochumer Straße. Mit der städtebaulichen Gestaltung dieses Areals sollte ein Kristallisationspunkt geschaffen werden, der die Stärkung des Stadtteilzentrums wesentlich unterstützt. Zwei Wettbewerbe in den Jahren 1993 und 1994 lieferten dazu mit folgenden Planungszielen die Grundlage:

- Aufstockung des eingeschossigen Kaufhauses an der Ecke Theodor-Körner-Str./Bochumer Str. mit 27 Wohnungen; diese zeichnen sich durch klare Architektur, Niedrigenergiehaus-Standard und differenzierte Erschließung aus; zusätzlich wurden auf der nach Süden ausgerichteten Dachfläche des Kaufhauses Dachgärten eingerichtet (Architektur: Thomas Kostulski, Köln);
- Umgestaltung des Neumarkts und Neubau von 26 Mietwohnungen u.a. mit einem Projekt zum „Betreuten Wohnen“ für Jugendliche am westlichen Platzrand (Architektur: Büro Raumplan, Uli Wildschütz, Aachen)

Das Stadtteilzentrum Recklinghausen-Süd.

Siedlung „Im Ziegelgrund".

- zusätzlich ist die naturnahe Umgestaltung und städtebauliche Integration des Emscherzulaufs und derzeitigen Abwasserkanals „Hellbach" geplant.

Zur Geschichte: Ein klassisches Zentrum hat es in Recklinghausen-Süd – ein Stadtteil, der wie viele andere in der Region mit der Industrialisierung rasch gewachsen ist – nie gegeben. Die Bochumer Straße hat im Laufe der Jahrzehnte diese Funktion als Hauptverkehrsader des Stadtteils übernommen. Hier entlang haben sich Geschäfte und Dienstleister angesiedelt. Eine klare städtebauliche, soziale und funktionale Identität eines Stadtteils und Stadtteilzentrums fehlte bisher.

Ein weiteres Wohnungsbauprojekt entsteht **„An der Sandkuhle" in Recklinghausen-Hochlar** unter dem Motto „Einfach und selber bauen".

Der Schwerpunkt von Wohnungsbauprojekten der IBA Emscher Park lag bislang beim öffentlich geförderten Wohnungsbau. Die Ansprüche, die bei diesen Projekten eingefordert werden – hohe städtebauliche, architektonische, ökologische und soziale Qualitäten – sollen nun auch in einer Reihe von Eigentumsmaßnahmen in verschiedenen Städten in der Emscher-Region entwickelt werden. Geplant (und teilweise bereits fertiggestellt) sind kleine geschlossene Siedlungen in einer Größenordnung von 30 bis 50 Einfamilienhäusern.

Der besondere Anspruch dieser Projektfamilie ist, zu deutlich geringeren Baukosten zu kommen, als das im Eigenheim heute üblich ist. Um dies zu erreichen, werden in den Projekten drei Dinge zusammengeführt: das gute, aber kostengünstige Bauen, das Bauen in der Gruppe und die Möglichkeit der Selbsthilfe für die Bauherren.

Die derzeit im Bau befindliche Siedlung „An der Sandkuhle" nach einem Entwurf der Architekten Franz-Jörg Feja und Peter Kemper aus Recklinghausen besteht aus 37 Reihenhäusern mit Wohnflächen von 88 bis 111 qm und einem Gemeinschaftshaus. Die Reihenhäuser sind nicht unterkellert, dafür erhalten sie neben dem Hauseingang Abstellräume, die bewußt zur Gliederung der Freiflächen und des Straßenraumes sowie bei den nördlichen Haustypen der Abschirmung vor fremder Einsicht dienen.

Die Stellplätze für die Autos werden an den beiden Siedlungseingängen konzentriert. Durch diese Anordnung erhält die Straße den Charakter eines Wohnweges, der ein verträgliches Miteinander erlaubt, ohne daß die Autos gänzlich verbannt sind.

Die Häuser entsprechen dem Niedrigenergiehaus-Standard und sind konsequent nach Süden orientiert. Eine zentrale Heizanlage im Gemeinschaftshaus versorgt die Siedlung mit Energie für Heizung und Warmwasser. Eine spätere Nachrüstung von Kollektoranlagen ist leicht und individuell möglich.

Die begrünten Dächer führen zu einer deutlichen Reduzierung des zu behandelnden Niederschlagswassers. Das verbleibende Niederschlagswasser der nördlichen Gebäudezeilen wird auf den Grundstücken versickert. Für die südlichen Gebäudezeilen ist eine straßenbegleitende Versickerungsmulde vorgesehen. ■

Kommunikation macht Freunde!

Deutsche Telekom

Die Deutsche Telekom ist der größte Telekommunikationsanbieter Europas und der drittgrößte weltweit. Sie bietet die ganze Palette der Telekommunikations-Dienstleistungen an und investiert national und international, um den Kunden ein globales Produktportfolio anbieten zu können. Repräsentanzen, Beteiligungen und Joint-Ventures bedienen Kunden in über 65 Ländern der Erde.

In den vergangenen Jahren wurden 165 Milliarden Mark in modernste Digital-Technik und den „Aufbau Ost" investiert, denn die Deutsche Telekom ist überzeugt, daß die Telekommunikation eine große Zukunft hat; als Problemlöser für die Wirtschaft und als Technologie, die Menschen einander näher bringt – eine Zukunft für eine neue Qualität des Lebens.

In Recklinghausen präsentiert sich die Deutsche Telekom mit ihrem gesamten Spektrum moderner Kommunikation: Vom einfachen T-Net Anschluß über die weltweite Vernetzung von Unternehmen, bis hin zur Satellitenübertragung. Vom normalen Laden, den T-Punkten, über ein spezielles Beratungszentrum für Geschäftskunden, den Kundenberatern vor Ort bis zum Telekommunikations- und Dienstleistungszentrum – für jeden Kunden der richtige Ansprechpartner. Die erfolgreiche Zertifizierung nach DIN ISO 9001 unterstreicht das hohe Engagement der Beschäftigten zur kontinuierlichen Verbesserung und Wertsteigerung, um damit die Kunden auf Basis hoher Zufriedenheit langfristig an das Unternehmen zu binden.

Die Mitarbeiter der Telekom möchten, daß sich ihre Kunden auf die Netze, Dienste, Geräte und Serviceleistungen der Telekom verlassen können, denn sie wissen, wie wichtig die Telekommunikation in der modernen Industriegesellschaft für den Menschen ist.

Deutsche Telekom vor Ort in Recklinghausen.

Deutsche Telekom AG
Zentrale
Friedrich-Ebert-Allee 140
53113 Bonn

Ihr Ansprechpartner im nördlichen Ruhrgebiet:

Deutsche Telekom AG
Niederlassungsleiter Peter Grabowsky
Lessingstr. 49
45657 Recklinghausen
Telefon (02361) 51-0
Telefax (02361) 51-12 30

Das Handwerk hat eine sichere Zukunft – gestern wie heute

Politiker, die sich zu den Aussichten der wirtschaftlichen Entwicklung äußern, weisen in zunehmendem Maße darauf hin, daß die Chance zur Überwindung der Struktur- und Konjunkturkrisen vor allem in einer Stärkung des Mittelstandes liegt. Diese Einschätzung wird auch von der überwiegenden Mehrheit der Kommunalpolitiker geteilt, wenn sie auf den Mittelstand und damit auch auf das Handwerk bei der Bewältigung der Strukturkrise setzen. Mit dieser Einschätzung wird dem Handwerk, dessen Bedeutung in den zurückliegenden Jahren vielfach durch großindustrielle Betriebsformen überlagert wurde, der ihm gebührende Standort eingeräumt.

Nach der Wirtschaftsverfassung Deutschlands ist jeder Gewerbetreibende und freiberuflich Tätige in der für seinen Berufsstand eingerichteten Kammer einzutragen. Beispielhaft sollen

Moderne Heizungsanlagen erfordern ständige Qualifizierung.

Paul Laser

Der Autor, Kreishandwerksmeister und Kraftfahrzeugmechanikermeister, wurde 1946 in Oer-Erkenschwick geboren. Er nahm seine Ausbildung zum Kraftfahrzeugmechaniker 1961 auf und legte 1973 die Meisterprüfung ab. Seitdem ist er als Kraftfahrzeugmechanikermeister selbständig tätig und führt ein Autohaus in Oer-Erkenschwick, in dem 14 Mitarbeiter beschäftigt werden. 1990 wurde er Obermeister der Innung des Kraftfahrzeuggewerbes Recklinghausen und 1996 Vizepräsident des Kraftfahrzeuggewerbes NRW.

Erich Witte

Der Mitautor wurde 1951 in Telgte geboren und lernte Industriekaufmann. Er besuchte die Fachoberschule für Wirtschaft und schloß danach ein Studium der Wirtschaftswissenschaften in Bielefeld als Diplombetriebswirt ab. Nachfolgend studierte er an der Westfälischen-Wilhelms-Universität in Münster Rechtswissenschaften und legte 1981 sein 1. und 1984 sein 2. Staatsexamen ab. 1992 wurde er Hauptgeschäftsführer der Kreishandwerkerschaft Recklinghausen.

Kfz-Mechaniker – bei den Jungen einer der gefragtesten Berufe.

hier die Ärzte-, Rechtsanwalts- und Notar- sowie die Industrie- und Handelskammern genannt werden.

Nach dem „Gesetz zur Ordnung des Handwerks (Handwerksordnung)" muß sich jeder, der einen Handwerksbetrieb errichten und selbständig führen will, in die für seinen Bezirk bei der zuständigen Handwerkskammer geführten Handwerksrolle eintragen lassen. Die Voraussetzungen für die Handwerksrolleneintragung sind ebenfalls gesetzlich normiert. Sie reichen vom grundsätzlichen Erfordernis einer handwerklichen Meisterprüfung bis zu zahlreichen Ausnahmetatbeständen. Aus der Fassung der Handwerksordnung folgt, daß für alle Handwerksbetriebe aus der Verpflichtung zur Handwerksrolleneintragung eine Pflichtmitgliedschaft bei der jeweils zuständigen Handwerkskammer resultiert.

Das Erfordernis der Handwerksrolleneintragung ist demnach aus der Handwerksordnung abzuleiten. Jeder in die Handwerksrolle eingetragene Betrieb kann sich durch weiteren – freiwilligen – Entschluß der für sein Gewerk bestehenden Handwerksinnung anschließen.

Glas- und Porzellanmaler/in – ein Kunsthandwerk mit langer Tradition.

Das Bauhandwerk bietet unterschiedliche Spezialausbildungen, wie Beton- u. Stahlbauer/in.

Im Kreis Recklinghausen gibt es derzeit 34 Handwerksinnungen, die in der Vollversammlung, dem höchsten Beschlußgremium der Kreishandwerkerschaft, vertreten sind. Diese Innungen bilden zugleich die Kreishandwerkerschaft als regionale Interessenvertretung des Handwerks.

Ist der Beitritt eines einzelnen Handwerkers zu der Innung eine freiwillige Entscheidung, so ist die korporative Bildung der Kreishandwerkerschaft durch die in ihrem Bezirk ansässigen Innungen wiederum gesetzlich normiert. Die Kreishandwerkerschaft handelt durch ihre Organe – Mitgliederversammlung und Vorstand – und wird gerichtlich und außergerichtlich vertreten durch den Kreishandwerksmeister und den Hauptgeschäftsführer. Die Geschäftsstelle der Kreishandwerkerschaft ist in Recklinghausen beheimatet. Während der Kreishandwerksmeister sein Amt als Ehrenamt versieht, leitet der Hauptgeschäftsführer die Geschäftsstelle der Kreishandwerkerschaft.

Handwerkliches und künstlerisches Geschick erfordert die Tätigkeit des Stukkateurs.

Die Kreishandwerkerschaft Recklinghausen ist als Verwaltungsstelle der Innungen ihres Bezirks zunächst das „Rathaus des Handwerks“. Zur Zeit liegt die Zahl der von der Kreishandwerkerschaft Recklinghausen betreuten Innungsmitglieder bei ca. 1.750 Betrieben. Während die Handwerksinnung sich der Erforderung der gemeinsamen gewerblichen Interessen ihrer Mitglieder verschrieben hat, gehört zu den Aufgaben der Kreishandwerkerschaft die Wahrnehmung der Gesamtinteressen des selbständigen Handwerks und des handwerksähnlichen Gewerbes sowie der gemeinsamen Interessen der Handwerksinnungen ihres Bezirks. Darüber hinaus hat die Kreishandwerkerschaft die Handwerksinnung bei der Erfüllung ihrer eigenen Aufgaben zu fördern und Einrichtungen zur Förderung und Vertretung

Viele Betriebe im Bau- und Ausbaugewerbe bilden Lehrlinge aus.

Fotograf/in, ein Beruf für kreative Menschen.

der gewerblichen, wirtschaftlichen und sozialen Interessen zu schaffen oder zu unterstützen und Behörden, Verbände und Vereinigungen, die bei Erfüllung ihrer eigenen Aufgabe die Interessen des selbständigen Handwerks berühren, zu unterstützen und ihnen Anregungen, Auskünfte und Gutachten zu erteilen.

Das selbständige Handwerk hat von jeher eine tragende Rolle im Aufbau und in der Entwicklung der kommunalen Gemeinwesen gespielt. Die organisierte Handwerkerschaft war und ist maßgeblich in die Selbstverwaltungsorgane der Städte eingebunden. Die Handwerksorganisation ist damit in der Historie gewachsen. Sie ist gleichzeitig für die in der Zukunft liegenden Aufgaben gerüstet. Nach ihrem Selbstverständnis sind Innungen und Kreishandwerkerschaften nicht in erster Linie Bewahrer handwerklicher Traditionen, sondern Dienstleistungseinrichtungen, die sich der Aufgabe verschrieben haben, ihren Mitgliedsbetrieben alle erdenklichen Hilfen zukommen zu lassen. An dieser Stelle sei beispielhaft nur auf die Organisation der Ausbildung im Handwerk unter Einbeziehung der Zwischen- und Gesellenprüfungen, die Durchführung von Fachse-

Ein süßes Handwerk für geschickte Hände: Konditor/in.

Handwerkliches Geschick und modisches Gespür sind für den Beruf des/der Friseurs/in erforderlich.

minaren und Fachveranstaltungen, die kostenlose betriebswirtschaftliche und technische Beratung durch Einrichtung der Handwerksorganisation, die arbeitsrechtliche Beratung und arbeitsgerichtliche Vertretung, die Einrichtung einer Inkassostelle, über die Innungsmitglieder offene Kundenrechnungen einziehen lassen können, und die Errichtung eines Versorgungswerkes, über das speziell auf die Bedürfnisse der Betriebe zugeschnittene günstige Versicherungen abgeschlossen werden können, hingewiesen.

Ein wichtiger Bereich ist für die Handwerksorganisation seit jeher die Ausbildung des Berufsnachwuchses. Im Ausbildungszentrum der Kreishandwerkerschaft und der Träger-Innungen der Überbetrieblichen Ausbildungsstätten stehen mehr als 300 Plätze zur Verfügung. Hier werden vor allem Auszubildende geschult, damit sie dem fortschreitenden technologischen Wandel entsprechend ausgebildet werden und sich so auf die eigenverantwortliche und eigenständige Berufstätigkeit vorbereiten.

Die Kreishandwerkerschaft ist darüber hinaus Trägerin eines umfassenden Aus- und Weiterbildungsangebotes für diejenigen, die sich durch Ablegung der Meisterprüfung auf eine selbständige Tätigkeit im Handwerk vorbereiten wollen. Neben den Kursen zur Vorbereitung auf die allgemeinkundliche Meisterprüfung bietet die Kreishandwerkerschaft in einer Reihe von Berufen auch fachspezifische Vorbereitungskurse an.

Das Handwerk wird auch in seiner Funktion als Arbeitgeber ein immer bedeutenderer Ansprechpartner. In den Betrieben im Kreis Recklinghausen sind, einer eigenen Erhebung zur Folge, etwa 36.000 Mitarbeiterinnen und Mitarbeiter beschäftigt, die hier einen von Konjunktur- und Strukturkrisen weitgehend gesicherten Arbeitsplatz finden. Damit beschäftigt das Handwerk mehr Mitarbeiter im Kreis Recklinghausen, als die traditionellen Großbetriebsformen der Kohlegewinnung und Stahlerzeugung sowie der Chemie und Industrie. Die herausragende Bedeutung des Handwerks in der Ausbildung wird dadurch dokumentiert, daß derzeit etwa 3.200 Lehrverträge in Handwerksbetrieben des Kreises registriert sind. In der Stadt Recklinghausen sind rund 900 Betriebe Ausbilder und Arbeitgeber. Damit ist auch in Recklinghausen das Handwerk ein bedeutender Wirtschaftsfaktor, der den Wirtschaftsstandort Recklinghausen ebenfalls prägt.

Die Rahmenbedingungen für Recklinghausen als attraktiven und interessanten Unternehmensstandort muß die Stadt Recklinghausen schaffen. Die Kreishandwerkerschaft ist hierbei als Gesprächspartner gerne bereit, in dem begonnenen Dialog ihren Beitrag zu leisten. Sie ist damit, wie auch in der Vergangenheit, bereit, im Rahmen ihrer Möglichkeiten, Ausbildungs- und Beschäftigungsmöglichkeiten in einem bedeutenden innovativen und zukunftsorientierten Wirtschaftssektor bereitzuhalten. Die Zukunft gehört mit dem Mittelstand, wie in der Vergangenheit, dem Handwerk. ■

Kreishandwerkerschaft Recklinghausen
Dortmunder St.18 . 45665 Recklinghausen
Telefon (02361) 4803-0 . Telefax 4803-23

Jungunternehmer-Stammtisch – Interessengemeinschaft, Bildungsstelle, Kontaktbörse

Zu Beginn des Jahres 1998 fand auf Initiative des damaligen Bürgermeisters Jochen Welt und der Wirtschaftsförderung der Stadt Recklinghausen ein erstes Treffen von Jungunternehmer/-innen aus der Stadt Recklinghausen statt.

Die Idee war, eine Ergänzung für die jungen Unternehmen zu dem schon lange bestehenden Unternehmerstammtisch zu schaffen und damit das gesellschaftliche und geschäftliche Leben der Stadt Recklinghausen zu fördern.

Das Ziel der Förderung des regionalen Marktes sollte durch das Angebot zum Austausch von Erfahrungen und Ideen und durch die Möglichkeit der fachlichen Weiterbildung – gekoppelt mit kurzen Wegen zur regionalen Verwaltung – erreicht werden.

Diese ersten Treffen, die noch im kleinen Kreise stattfanden, erhielten schnell regen Zuspruch, und der Kreis der Besucher dieses Stammtisches umfaßt nunmehr 100 Personen, von denen immer ein großer Teil bei den monatlichen Stammtischrunden erscheint.

Neben dem eigentlichen Kreis der Jungunternehmer gelang es auch, etliche Besucher aus dem Bereich der Verwaltung, Behörden, Banken, sowie der Presse zu gewinnen, bei denen die Arbeit der Jungunternehmer auf Interesse trifft und die diese gerne unterstützen.

Die regelmäßig am dritten Mittwoch im Monat stattfindenden Treffen werden durch wechselnde Programmpunkte gestaltet. Hierbei sind es gerade die verschiedenen Referenten, die zu wirtschaftlichen Themen Vorträge halten, und der sich daran anschließende gesellschaftliche Teil, der zum Erfolg der Stammtischrunden beiträgt.

Andreas Sindern

Der Autor ist seit 1989 selbständiger Konditormeister. Nach Stationen in der Schweiz, Belgien, Spanien, Österreich, Frankreich, Italien und Deutschland führt er den Familienbetrieb in Recklinghausen. Bekannt als europaweiter Spezialist für handmodelliertes Marzipan ist er auch als Gastdozent an internationalen Fachschulen und auf Fachkongressen tätig. Seit 1999 ist er Vorsitzender des Jungunternehmer-Stammtischs Recklinghausen e.V.

Goldschmiede Motyl.

Aufgrund der von allen Seiten positiven Resonanz und der kontinuierlichen Entwicklung, hat man sich zum Anfang des Jahres 1999 dazu entschlossen, den Stammtisch als Verein eintragen zu lassen. Hierdurch werden viele zukünftige Aktivitäten und Ziele, wie z.B. die Durchführung von Gemeinschaftsveranstaltungen und die Schaffung von Fördermöglichkeiten für Mitglieder erheblich vereinfacht.

Die Struktur als eingetragener Verein gibt auch jungen Unternehmer/-innen die Möglichkeit, sich in diesem Kreis zu engagieren. Lediglich ein regelmäßiges Erscheinen und die aktive Unterstützung der Arbeit gilt neben der Akzeptanz der Vereinssatzung als Aufnahmevoraussetzung.

Somit können Recklinghäuser Unternehmer/-innen, die entweder jung an Jahren sind oder erst vor kurzem den Schritt in die Selbständigkeit unternommen haben, ihren Nutzen aus den Möglichkeiten des Vereins ziehen.

Christoph Bogs.

Die Zielrichtung des Jungunternehmer-Stammtisches läßt sich am besten durch die Einstellung einiger Gründungsmitglieder darstellen:
Christoph Bogs, Geschäftsführer der Firma bkd GmbH, einem Spezialisten für vertriebsunterstützende Maßnahmen beim Direktmarketing: „Jungunternehmerstammtisch ist für mich eine gute und willkommene Gelegenheit zum Gedankenaustausch und der Entwicklung von neuen Ideen. Ich bin Unternehmer in Recklinghausen, da uns diese Stadt hinsichtlich ihrer Infrastruktur, insbesondere der Verkehrsanbindung, dem geeigneten Personal und wirtschaftlichem Umfeld eine gute Basis für ein Unternehmen unserer Art bietet."

Bernd Bohle führt die Bohle Aufbereitungstechnik GmbH und beschäftigt sich mit bergbaulichen Aufarbeitungsarbeiten, er ist Spezialist für hochqualitative Apparate und Verfahren aus dem Bergbauland Südafrika: „Jungunternehmer-Stammtisch ist für mich, über den Tellerrand gucken und Nöte, Ängste und Sorgen von Gleichgesinnten kennenlernen. Ich bin Unternehmer in Recklinghausen, weil diese Stadt als attraktiver Bergbau- und Industriestandort für das Ruhrgebiet, Deutschland und Europa zentraler Ausgangspunkt für unsere innovativen vertrieblichen Aktivitäten ist."

Andrea und Alexandra Werning leiten die Werning Theatertechnik GmbH und handeln und verkaufen alles, was ein Theater, eine Stadthalle oder ein Studio für den technischen Betrieb benötigt: „Jungunternehmer-Stammtisch ist für uns ein wichtiger Treffpunkt, um Erfahrungen auszutauschen. Problemfälle können mit anderen diskutiert werden und neue interessante Kontakte entstehen."

Heike Motyl ist Goldschmiedin, ihre Philosophie heißt schlichtes Design in solider Handarbeit, verbunden mit gutem Tragekomfort. Sie fertigt einzeln gestaltete Schmuckstücke, abgestimmt auf den jeweiligen Kunden. Sie sagt: „Jungunternehmer-Stammtisch ist für mich eine Kontaktbörse, Interessengemeinschaft und Hilfe untereinander."

Sadi Odeh führt die Firma Process Automation GmbH, die u. a. ein Testing Center für Microsoft-Zertifizierungen und die Programmierung von Spezialanwendungen und deren Anpassung auf individuelle Bedürfnisse anbietet: „Jungunternehmer-Stammtisch ist für uns ein starkes Instrument zur aktiven regionalen Wirtschaftsförderung. Wir sind Unternehmer in Recklinghausen, weil wir an der hohen Wirtschaftskraft der Region teilhaben und diese durch unser in seiner Breite einzigartiges Leistungsspektrum noch weiter zu fördern möchten."

Bernd Bohle an einer Aufbereitungsanlage.

Andreas Sindern.

RELAB® AG –
der innovative Labor-Dienstleister

Molekular-Medizin, Zell-Biologie, Entwicklung, Anwendung, Dienstleistungen, Diagnostik

Luftaufnahme des Firmensitzes in Recklinghausen.

Eingangsportal.

RELAB arbeitet in erster Linie an der Entwicklung und Anwendung neuartiger Diagnose-Techniken im Bereich der Medizin. Die Firmenpolitik basiert auf der Zusammenarbeit mit verschiedenen Partnern, deren Hauptziel ebenfalls die Erhaltung und Förderung der Gesundheit ist. Das Unternehmen verfügt über eine Vielzahl eigener, geschützter Technologien, die im klinischen Bereich tagtäglich eingesetzt werden, und RELAB konnte diese Technologien sowie die Logistik in den vergangenen Jahren sehr erfolgreich auf dem Markt plazieren.

RELAB Firmenschwerpunkte

- Entwicklung und Validierung neuer diagnostischer Testsysteme hauptsächlich im Bereich der Molekular-Medizin
- Analyse und Dokumentation von disseminierten metastasierten Krebszellen (DISC-Verfahren)
- Analyse und Dokumentation einzelner durch Laser-Mikrodissektion isolierter Krebszellen (SIC-Verfahren)
- Entwicklung miniaturisierter Technologien hinsichtlich Automatisierung, Mikro-Liquidhandling und Mikro-Schematisierung zur Genbestimmung und Molekularbiologie
- Einsatz neuartiger Methoden zur Genotypisierung von disseminierten Krebszellen
- Lieferant statistischer Analysen im Bereich Datenmarkt, Datenanalyse Genbestimmung von tausenden von Patienten
- Systeme zur Manipulation einzelner Zellen
- Nukleinsäure- und Proteinbank mit einer beträchtlichen Menge an Mustern, alle biometrisch bestimmt
- Erstklassige Laborstätte für medizinische Diagnosen, zugelassen für alle Routineanalysen aller Bereiche unter Rückerstattung der Kosten durch die öffentlichen und privaten Krankenkassen
- Hochentwickelte Qualtätsssicherungs-Systeme
- TÜV-Qualiäts-Zertifikat gemäß DIN EN ISO 9001

Die folgenden Schaubilder zeigen eine Innenschau der Aktivitäten und der Firmenpolitik :

RELAB® Bereiche:

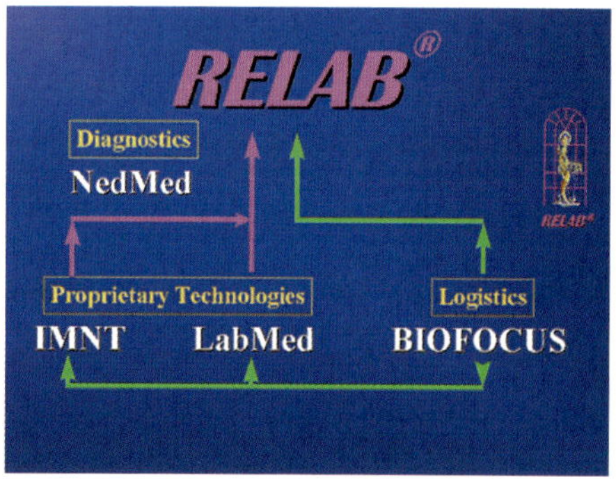

IMNT
Das Institut für Molekular-Nanotechnologie (IMNT) ist die neu erstellte Forschungs- und Entwicklungsanlage der RELAB AG.

Die Haupt-Entwicklungen des IMNT sind:
- der DNA-BioChip zur Detektion von Genen
- die Miniaturisierung analytischer Prozesse
- Systeme zur Manipulation einzelner Zellen

LabMed
LabMed ist die mit dem ISO-9000 Zertifikat ausgestattete Eigenanlage für Laborservice. Die Dienstleistungen dieses Labors werden in ganz Deutschland von Krankenhäusern, privaten Arztpraxen in Anspruch genommen, sowie auch von pharmazeutischen Unternehmen zur Unterstützung ihrer klinischen Tests. *Spezialgebiete sind:* Genetische Erkrankungen (diagnostische Bestimmung des Erbmaterials, Genotypisierung, Translokation, Gen-Amplifizierung, LOH-Analyse), Genetische Beratung, Genetische Diagnose (Systeme zur quantitativen Entdeckung von RT-PCR für die onkologisch relevanten mRNA-Spezies), Minimale Rest-Erkrankungen (Isolierung und Dokumentation von Knochenmark und zirkulierenden Tumorzellen auf der DNA-, RNA- und Protein-Ebene), Klinische Chemie, Immunologie, Infektionskrankheiten

BIOFOCUS
Dieser Bereich steht für alle notwendigen logistischen Dienste der RELAB, wie z. B. der Transport der Proben. Darüber hinaus gehören zu BIOFOCUS veterinärmedizinische und umweltschutztechnische Labordienstleistungen.

NedMed
NedMed ist die neue Plattform für Produktion und Marketing der analytischen Neuentwicklungen der RELAB AG im Hinblick auf die funktionale Genforschung und die pharmazeutische Genetik .

Geschütze Technologien

IMNT: Mikroanordnung und Nanotechnologie-Entwicklungen
DISC: Analyse und Dokumentation von Mikro-

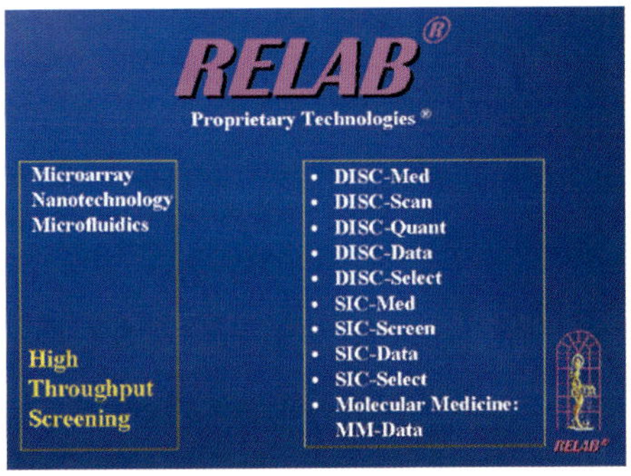

liquidhandling disseminierten / metastasierten Krebszellen
SIC: Analyse und Dokumentation einzelner, durch Laser-Mikrodissektion isolierter Krebszellen

Die Grundlagen des Geschäftserfolgs der RELAB AG sind ihre geschützten Technologien, die entweder vom Unternehmen selbst entwickelt wurden oder für die die RELAB der alleinige Lizenznehmer ist. Darüber hinaus werden in nächster Zukunft weitere Patentanmeldungen vorgenommen.

- Neuartiges Reinheitssystem zur Isolierung zirkulierender Tumorzellen
- Analytische Systeme zur Überwachung und Aufzeichnung von minimalen Rest-Erkrankungen auf der DNA-, RNA- und Protein-Ebene
- Analytische Systeme auf der Ebene einzelner Zellen, kombiniert mit Laser-Mikrodissektion der biologischen Stoffe
- Bio-Auswertung der Datendokumentation über minimale Rest-Erkrankung
- Bio-Auswertung der Datendokumentation einzelner Krebszellen
- Entwicklung der BioChip-Reihen
- System zur Manipulation einzelner Zellen

Instrumentarien von RELAB: Die Toolboxes

Die vorliegenden geschützten Technologien führten zur Gründung neuer Geschäftsbranchen, für die unterschiedliche Partner gewählt wurden:

- Funktionale und medizinische Genforschung bezogen auf Krebs
- Molekular-Medizin

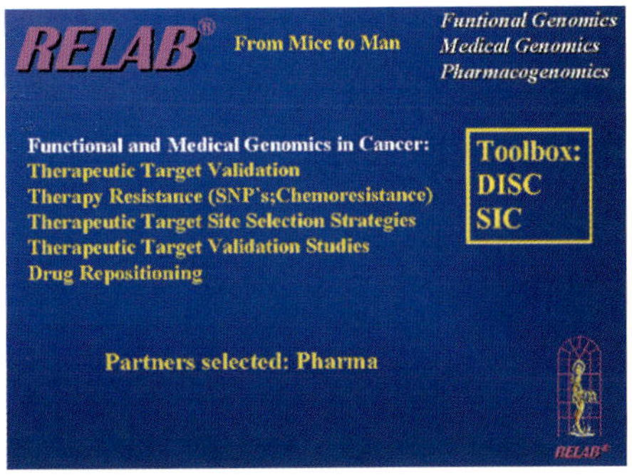

- Virologische Genforschung
- Diagnostische Test-Systeme

Toolbox DISC / SIC

Routinemäßige Anwendung der geschützten-Technologien in den klinischen Bereichen:
- Gesundheitsvorsorge
- Klinische Forschung

Toolbox Molekular Medizin (MM)

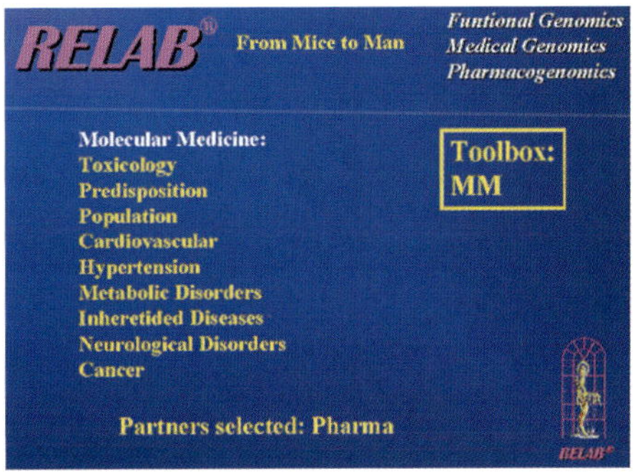

- Datenerstellung/Dokumentation
- Lagerungssystem für Nukleinsäuren und Proteine
- Bio-Statistik und Bio-Informatik

Toolbox BioChip array

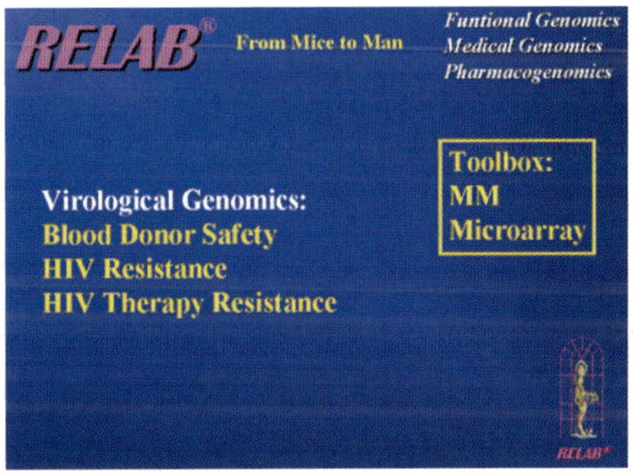

Molekulares Aufspüren von Infektionskrankheiten. Diese Toolbox enthält die Mehrzahl aller relevanten Viren und Bakterien

Toolbox SOP's

Die neuartige Diagnostik wird in unserem Unternehmen in den Niederlanden vermarktet. NedMed B.V. (funktionale Genforschung; Pharmagenetik) ■

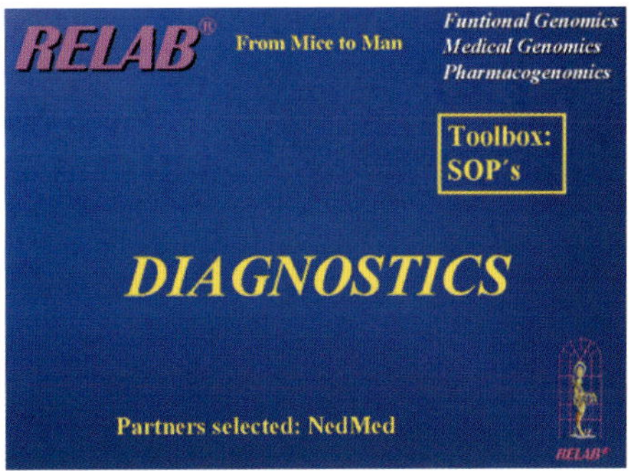

RELAB AG®

RELAB AG
Recklinghausen-Labor-Aktiengesellschaft

Vorstand:
Dr. rer. nat. Jürgen Schmitz
Dipl. Kfm. Ralf Kobus
Anke Sievers

Vorsitzender des Aufsichtsrates:
Prof. Dr. med. Michael Giesing

Gründungsjahr:
1991

Mitarbeiter:
200

Geschäftstätigkeit:
Die RELAB ist auf sämtlichen Gebieten der medizinisch-diagnostischen Analytik tätig.
Sie führt Auftragsanalysen im Rahmen der allgemeinen Gesundheitsversorgung und für die klinische Prüfung von Medikamenten durch.
Daneben werden neue diagnostische Testsysteme entwickelt und vertrieben.
Der Forschungsschwerpunkt liegt im Gebiet der molekularen Charakterisierung von Krebszellen.

Anschrift:
Berghäuser Straße 295
45659 Recklinghausen
Telefon (02361) 3000-143
Telefax (02361) 3000-169
E-mail labor@relab.de
Internet www.relab.de

Fachhochschule fördert mit ihrem breiten Fächerspektrum die regionalen Entwicklungstendenzen

Die Abteilung Recklinghausen der Fachhochschule Gelsenkirchen greift mit ihrem Angebot in Lehre und Forschung die besonderen Stärken von Wirtschaft und Industrie in der Emscher-Lippe-Region auf und fördert zugleich mit ihrem Fächerspektrum regionale Entwicklungstendenzen. Dabei setzen die Recklinghäuser Studiengänge auf innovative Themen wie Wirtschaftsrecht, Materialtechnik, Verkehrslogistik und eine besonders anwendungsorientierte Form des Chemiestudiums, Studiengänge, wie sie in ihrer fachlichen Profilierung für Nordrhein-Westfalen neu sind.
Die Studiengänge in Recklinghausen entsprechen in ihrer konzeptionellen Ausprägung und Profilierung der Ausrichtung aller Studiengänge an der Fachhochschule Gelsenkirchen, wie sie auch an den Standorten Gelsenkirchen und Bocholt gepflegt wird.
Dies bedeutet: In alle Studiengänge, und zwar jeweils in das Hauptstudium, ist ein Studiensemester am Lernort Betrieb („Praxissemester") integriert. Im Rahmen dieses Praxissemesters sollen der Student und die Studentin projektorientiert anspruchsvolle und im Interesse der Wirtschaft liegende Aufgaben bewältigen, wie sie auch von den Absolventen und Absolventinnen der jeweiligen Studiengänge verlangt werden. Damit werden in besonderer Weise die praxisorientierte Ausrichtung des Studienangebots und das Entwickeln einer praxisorientierten Problemlösungs- und Handlungskompetenz der Absolventen und Absolventinnen gefördert.

Darüber hinaus sind die Studiengänge in Recklinghausen international ausgerichtet. Konkret heißt dies: In alle Studiengänge ist ein Fachsprachenangebot integriert. Internationale Kooperationen mit Partnerhochschulen ermöglichen Studienphasen und Praxissemester im Ausland. Damit werden internationale Ausrichtung und Orientierung sowie die Fähigkeit zur fachbezogenen interkulturellen Kommunikation erreicht.

Prof. Dr. Peter Schulte

Der Autor absolvierte ein Studium der Betriebswirtschaftslehre an der Westfälischen Wilhelms-Universität in Münster mit dem Abschluß als Diplom-Kaufmann. Anschließend Promotion zum Doktor der Staatswissenschaften, Professor an der Fachhochschule Münster, deren Rektor er von 1984 bis 1990 war. Zahlreiche Funktionen in der Wissenschaftslandschaft Deutschlands, unter anderem als Mitglied des Wissenschaftsrates (1989-1995) und als Vorsitzender der Brandenburgischen Landeskommission für Fachhochschulen.
Seit 1992 ist Prof. Dr. Peter Schulte Rektor der Fachhochschule Gelsenkirchen.

Know-how im Wirtschaftsrecht von Deutschland und Europa hilft, privates und öffentliches Recht zur Lösung betrieblicher Aufgaben anzuwenden.

Über eine qualifizierte fachliche Ausbildung hinaus wird der Erwerb von Fähigkeiten und Fertigkeiten ermöglicht, die zur erfolgreichen Bewältigung aller beruflichen Aufgaben notwendig sind; Kommunikationsfähigkeit, Kreativitätstechniken, Teamfähigkeit, persönliche Arbeitstechniken und Managementtechniken, Präsentationstechniken, Selbständigkeit und unternehmerisches Handeln. Dies soll zur Entwicklung einer praxisorientierten Problemlösungskompetenz der Absolventen und Absolventinnen beitragen sowie qualifizierte und berufsfähige Persönlichkeiten formen.
Studenten und Studentinnen an der Fachhochschulabteilung Recklinghausen werden schnell die besondere Lebensqualität der Stadt zu schätzen wissen: Das viele Grün, das sich rund um die Wohnviertel erstreckt, die Atmosphäre der Altstadt mit ihren Fachwerkwinkeln, die den

Zum Wintersemester 1999/2000 beziehen die Fachbereiche Wirtschaftsrecht, Wirtschaftsingenieurwesen sowie Chemie- und Materialtechnik neue Gebäude. Das Modell zeigt im Vorgriff auf die Zukunft das Recklinghäuser Hochschulgelände, das im Südosten der Innenstadt liegt.

Betonangriff der 70er Jahre mit Erfolg abwehrten, hervorragende Einkaufsmöglichkeiten, gute Verkehrsanbindungen, eine vielfältige Gastronomie, Biergärten, In-Treffs und Szenekneipen, das breite Spektrum kultureller Angebote vom Rock- und Klassik-Konzert bis hin zu Museum, Kabarett und großem Theater. Obwohl die Recklinghäuser stolz sind auf das bunte Leben in ihrer Stadt, halten sie es noch für steigerungsfähig und hoffen, daß die Fachhochschulstudentinnen und -studenten zur Vielfältigkeit und zur Vielfarbigkeit beitragen.

Wirtschaftsrecht

An der Schnittstelle zwischen Recht und Wirtschaft bildet der Studiengang Wirtschaftsrecht Fachleute aus, die Rechtswissen mit betriebswirtschaftlichem Hintergrund verknüpfen. Ziel des Studiums ist es, die Fähigkeit zu erwerben, unternehmerische Entscheidungen so zu treffen, daß sie zügig und gewinnorientiert umgesetzt werden können, ohne Rechtsstreitigkeiten nach sich zu ziehen. Das Fachwissen aus Wirtschaftsrecht und Betriebswirtschaft wird ergänzt um Kenntnisse über auswärtige Märkte, grenzüberschreitende Wirtschaftsbeziehungen oder Spezialwissen zur Abwehr unberechtigter Forderungen. Qualifikationskurse in Teamarbeit, Kommunikation, Rhetorik, Argumentations- und Präsentationstechnik sowie Ge-sprächsführungskompetenz runden das Studium ab.

Im Hauptstudium wählen die Studierenden zwischen zwei Studienschwerpunkten. Arbeitsrecht und Personalwirtschaft oder Öffentliches Wirtschaftsrecht und Unternehmensmanagement. Dadurch können die Studierenden je nach Talent und Neigung eigene Akzente setzen und ihr zukünftiges Berufsfeld anbahnen. Während der Schwerpunkt Arbeitsrecht und Personalwirtschaft die Themen Personalmanagement, Personalförderung und Personalentwicklung besetzt, vermittelt der Schwerpunkt Öffentliches Wirtschaftsrecht und Unternehmensmanagement die erforderliche Sachkenntnis, um unternehmerische Pläne und Abläufe zu gestalten, wenn dabei behördliche Vorgaben oder Auflagen zu berücksichtigen sind. Dies gilt etwa bei Genehmigungsverfahren für Gebäude oder technische Anlagen, bei Umweltauflagen in der Produktion oder bei der richtigen Handhabung besonders überwachungsbedürftiger Stoffe.

Den Absolventen und Absolventinnen bietet sich nach Abschluss des Studiums ein abwechslungsreiches Arbeitsfeld mit neuen Herausforderungen, vielfältigen Entscheidungskompetenzen und beruflichen Aufstiegschancen. Ihre Arbeitsplätze finden sich in Industrie- und Handelsunternehmen, bei Unternehmensberatungen, bei Banken, Versicherungen, Verbänden, Kammern oder der öffentlichen Verwaltung. Sie sind als Personalreferenten und Personalleiter tätig oder arbeiten in der Rechtsabteilung, im Marketing, Vertrieb, Einkauf oder Controlling. Häufig sind sie Assistenten der Geschäftsleitung, vor allem in kleinen und mittleren Unternehmen ohne eine eigene Rechtsabteilung.

In das Hauptstudium integriert ist ein betriebliches Praxissemester außerhalb der Hochschule, bei dem die Studierenden vornehmlich projektbezogen ihr Hochschulwissen auf eine betriebliche Aufgabe anwenden. Während des Praxissemesters besuchen die Studierenden begleitende Lehrveranstaltungen und werden von der Fachhochschule betreut. Nach in der Regel acht

Semestern wird der Abschluß Diplom-Wirtschaftsrechtler (FH)/Diplom-Wirtschaftsrechtlerin (FH) verliehen.

Wirtschafts-Ingenieurwesen: Transport, Verkehr, Logistik

Transport und Verkehr betreffen jeden täglich: morgens im Stau, mit vielen anderen im Urlaubsflieger, wenn der Zug zu spät im Bahnhof ankommt. Aber auch mit Fragen des Warentransports kommt jeder in Berührung: Wir essen Bananen aus Costa Rica, verschenken Schokolade aus der Schweiz oder fahren Autos aus Japan. Wie Transport und Verkehr funktionieren, wie sie besser funktionieren und wie man technisch und logistisch/organisatorisch auf sich stetig wandelnde berufliche Aufgaben in Transport, Verkehr und Logistik reagiert, lehrt der Recklinghäuser Wirtschaftsingenieurstudiengang.

Nach dem Grundstudium spezialisieren sich die Studierenden auf einen von drei Studienschwerpunkten: Wer sich zur Automobilwirtschaft entschließt, lernt sowohl die Technik als auch Strategien für Fertigung und Vermarktung kennen, so daß er in vielen Positionen einen Job finden kann, bei dem er im Team mit Maschinenbauern und Fahrzeugtechnikern rund ums Auto Geld verdient.

Zwischen dem Ausgangstor des einen und dem Eingangstor des nächsten Unternehmens entscheidet der Experte aus dem Schwerpunkt um Speditionswissen sowie Transport- und Verkehrsdienstleistungen über Transportarten, Transportwege und damit Transportkosten. Ob Autos per Schiffsfracht aus Japan importiert werden, Nelken per Luftfracht aus Costa Rica kommen oder Maschinenteile im Kombinationsverkehr aus Bahn und LKW den Kunden erreichen: Ein Wirtschaftsingenieur kennt sich nicht nur in Preisen und Lieferzeiten aus, sondern auch in Containertechnik, Ladesystemen und Kühlketten. Eingefahrene Anwendungsschienen allein sind allerdings verpönt, der Hochschulabsolvent soll darüber hinaus in Zeiten schnellen Wandels auch neue Transportsysteme erdenken und verwirklichen.

Was „draußen" der Speditionsingenieur macht, bewirkt innerhalb des Unternehmens der Spezialist für Logistiksysteme. Seine beruflichen Herausforderungen heißen „schneller", „billiger", „zeitpunktgenauer". Seinen Arbeitsplatz findet er beispielsweise in Verteilzentren von Kaufhausketten, wo er Wareneingang, Bestandsüberwachung,

Von der Straße auf die Schiene – von der Schiene auf die Straße: Variabler Güterumschlag verlängert in der Transportkette das Gleis bis zum Kunden.

Kommissionierung und Warenausgang steuert.
Recklinghausen und die Emscher-Lippe-Region befinden sich im Zentrum der deutschen Wirtschaft und im Schnittpunkt europäischer Verkehrsachsen. Aus diesem Grund finden sich hier zahlreiche Unternehmen, die mit Verkehr, Transport und Logistik-Dienstleistungen zu tun haben. Für die Studierenden bedeutet dies ein günstiges Umfeld für Praxissemester, unternehmensnahe Studienprojekte und Diplomthemen sowie für den anschließenden Einstieg ins Berufsleben. Die Tätigkeitsfelder von Wirtschaftsingenieuren der Studienrichtung Transport/Verkehr/Logistik liegen in allen logistisch geprägten Bereichen eines Unternehmens: Beschaffung, Arbeitsvorbereitung, Fertigung/Produktion, Distribution, Vertrieb, Transport, Unternehmensführung.

In das Hauptstudium integriert ist ein betriebliches Praxissemester außerhalb der Hochschule, bei dem die Studierenden vornehmlich projektbezogen ihr Hochschulwissen auf eine betriebliche Aufgabe anwenden. Während des Praxissemesters besuchen die Studierenden begleitende Lehrveranstaltungen und werden von der Fachhochschule betreut. Nach in der Regel acht Semestern wird der Abschluß Diplom-Wirtschaftsingenieur (FH)/Diplom-Wirtschaftsingenieurin (FH) verliehen.

Materialtechnik

Neue Materialien prägen das Bild der Industriegesellschaft: Leichtere Werkstoffe helfen, Fahrzeuge kostengünstiger herzustellen und den Kraftstoffverbrauch zu senken. Neuartige Materialkombinationen ermöglichen der Medizintechnik, hochwertige Prothesen zu entwickeln. Recyclingfähige Materialien tragen dazu bei, den Weg von der Wegwerfgesellschaft zur Kreislaufwirtschaft zu ebnen. Im Studiengang Materialtechnik werden den Studierenden sowohl fundierte Kenntnisse über die chemischen und physikalisch-technischen Eigenschaften von Materialien als auch Methoden einer intelligenten Werkstoffauswahl für Produktion und Recycling vermittelt.
Studienschwerpunkte im Hauptstudium erlauben es den Studierenden, je nach Interesse und Talent eigene Akzente zu setzen. Der Schwerpunkt Prüftechnik beispielsweise kann zu einem Arbeitsplatz in der Unfallforschung führen: Brach der Turbinenflügel des Düsenjets vor dem Absturz und löste die Katastrophe aus oder wurde er infolge des Absturzes zerstört? Doch nicht nur hinterher, auch vor Unfällen werden Materialtechniker aktiv: Mit Mikroskopen und Endoskopen untersuchen sie Rohrleitungen auf Korrosionsschäden oder prüfen neue Werkstoffe auf Stabilität gegen Biegen und Brechen, etwa bei neuen Materialien für Tennisschläger oder Skibretter. Qualitätssicherung, Bauteilprüfung und Schadensanalysen haben das Ziel, durch Empfehlungen der Materialtechniker die Qualität zu steigern und Schäden vorzubeugen.
Wer Talent und Neigung zum Tüfteln hat, entscheidet sich vielleicht eher für den Schwerpunkt Füge- und Trenntechnik oder für Angewandte Polymerchemie. Beide Schwerpunkte haben mit der Entwicklung und den Eigenschaften neuer Stoffe zu tun. Wenn etwa in der Automobilherstellung Karosserieteile aus Kunststoff statt aus Stahl gemacht werden, wird jetzt geklebt, wo früher gelötet oder geschweißt wurde. Der Materialtechniker hilft, neue Fügemethoden zu finden und in die industrielle Praxis umzusetzen. Ein anderes Anwendungsbeispiel ist das künstliche Hüftgelenk in der Medizintechnik, bei dem die Kombination aus Keramik und Kunststoff für neue Bewegung sorgt. Während vor 30 Jahren Edelstahl, Glas, Gips und Naturfasern die wichtigsten Stoffe in der Medizintechnik waren, sind es heute die Kunststoffe. Wo neue Werkstoffe entwickelt und zu neuen Produkten umgesetzt werden, darf der vorbeugende Umweltschutz nicht fehlen. Materialtechniker überprüfen neue Werkstoffe auf ihre Fähigkeit zum Recycling.
Den Absolventen werden gute Chancen für den Start in den Beruf vorausgesagt, da nach Aussage der nordrhein-westfälischen Industrie die Bereiche

Neue Materialien, langlebig, recyclinggerecht und am Wohl des Menschen orientiert, tragen dazu bei, den Weg von der Wegwerfgesellschaft zur Kreislaufwirtschaft zu ebnen.

Der Fachhochschulstudiengang Chemie in Recklinghausen bereitet praxisnah und anwendungsorientiert auf Arbeitsplätze vor, die den Arbeitskräftebedarf in modernen, interdisziplinären Bereichen der Chemie decken.

Materialtechnik und Werkstoffe in den nächsten Jahren zu den wichtigsten Aufgabenfeldern für Ingenieure und Ingenieurinnen zählen.

In das Hauptstudium integriert ist ein betriebliches Praxissemester außerhalb der Hochschule, bei dem die Studierenden vornehmlich projektbezogen ihr Hochschulwissen auf eine betriebliche Aufgabe anwenden. Während des Praxissemesters besuchen die Studierenden begleitende Lehrveranstaltungen und werden von der Fachhochschule betreut. Nach in der Regel acht Semestern wird der Abschluß Diplom-Ingenieur (FH)/Diplom-Ingenieurin (FH) verliehen.

Chemie

Es zischt und brodelt zunehmend anders in den Chemieküchen der Welt: Nachwachsende Rohstoffe, ein schonender Umgang mit den Ressourcen der Erde, biologische und biochemische Verfahren statt klassischer Chemie, biologische Abbaubarkeit von Produkten, Wiederverwertbarkeit und Recycling – hier gibt es technisch-wissenschaftliche Durchbrüche und Innovationen, die in voraussichtlich naher Zukunft zu Schlüsseltechnologien reifen. Dabei arbeitet die Chemie zunehmend zusammen mit den Materialwissenschaften, der Biologie und der Medizin. Der Studiengang Chemie an der Fachhochschulabteilung Recklinghausen trägt diesen Entwicklungen Rechnung. Er bereitet praxisnah und anwendungsorientiert auf Arbeitsplätze vor, die den Arbeitskräftebedarf in den interdisziplinären Bereichen der Chemie decken.

Nach dem einheitlichen dreisemestrigen Grundstudium bietet das Hauptstudium die Möglichkeit, Studienschwerpunkte in biologischer Chemie oder in rechnergestützter Chemie zu bilden. Die biologische Chemie verknüpft chemische und biologische Methoden, um neue Anwendungen und Produkte zu entwickeln. Hierzu gehört auch die sichere Beherrschung sowohl biologischer als auch klinisch-chemischer Analyseverfahren. Im Studienschwerpunkt der rechnergestützten Chemie dient der Computer als Werkzeug, um neue Substanzen auf dem Bildschirm zu synthetisieren, Verfahren und Wirkungen im voraus zu simulieren und dadurch zu verbessern und das Wissen aus Datenbanken für die Praxis zu nutzen.
Der Schwerpunkt der Ausbildung liegt auf dem Praxis- und Anwendungsbezug, verknüpft mit einem umfassenden Grundlagenwissen. Die Absolventinnen und Absolventen sind daher in der Lage, sich sehr schnell verändernden Abläufen in der Chemieindustrie und verwandten Branchen anzupassen und eine Vielzahl von Berufsfeldern zu besetzen. Neben der anwendungsorientierten Forschung und Entwicklung sind Anwendungstechnik und Technisches Marketing günstige Berufsfelder. Das Unternehmensspektrum reicht von der chemischen und pharmazeutischen Industrie aller Größen und verwandter Branchen bis zu Forschungseinrichtungen und behördlichen Untersuchungsämtern. Außerdem gibt es Beschäftigungsmöglichkeiten in der Medizin. Insbesondere im Arbeitsfeld Biomedizin und Biotechnologie bieten sich Möglichkeiten, sich selbstständig zu machen. Die Nähe zum Chemiestandort Emscher-Lippe hilft den Studierenden, bereits während des Studiums durch Werksbesichtigungen, Praktika, Praxissemester oder eine firmengestützte Diplomarbeit Erfahrungen an möglichen zukünftigen Arbeitsplätzen zu sammeln.

In das Hauptstudium integriert ist ein betriebliches Praxissemester außerhalb der Hochschule, bei dem die Studierenden vornehmlich projektbezogen ihr Hochschulwissen auf eine betriebliche Aufgabe anwenden. Während des Praxissemesters besuchen die Studierenden begleitende Lehrveranstaltungen und werden von der Fachhochschule betreut. Nach in der Regel acht Semestern wird der Abschluß Diplom-Chemiker (FH)/Diplom-Chemikerin (FH) verliehen. ■

FARBEN-FABRIKATION

Harold Scholz & Co. GmbH

Geschäftsführer:
Rudolf Scholz
Hans-Ulrich Wachsmuth

Anschrift:
Farben-Fabrikation
Harold Scholz & Co. GmbH
Ickerottweg 30
45665 Recklinghausen
Telefon (02361) 98 88-0
Telefax (02361) 98 88-833
E-mail info@re.harold-scholz.de
Internet www.harold-scholz.de

Zyklos Mischtechnik GmbH
Telefon (02361) 98 88-1
Telefax (02361) 98 88-733
E-mail info@zyklos.de

Scholz Dosiertechnik GmbH
Telefon (02361) 98 88-2
Telefax (02361) 98 88-733
E-mail info@re.harold-scholz.de

Komplettlösungen für die moderne Farbgebung

In Recklinghausen produzieren heute 80 Mitarbeiter der Scholz-Gruppe Pigment-Slurry's und Pigmentkonzentrate

Mit dem Kauf der Firma Zimmer & Kuenkamp im Jahre 1982, die Flüssigschwärze auf Rußbasis produzierte, wurde die Niederlassung der Firma Scholz & Co., Bergisch-Gladbach, in Suderwich ansässig.

Ende 1987 wurde die Farben-Fabrikation Harold Scholz & Co. GmbH gegründet.
Neben der weiteren Übernahme einer Flüssigschwarz-Produktion eines niederländischen Anbieters begann man mit der Produktion von bunten „Pigment-Slurry's", die zur Einfärbung von Betonwaren verwendet werden. Für dieselbe Anwendung konnte ein Jahr später die Buntpulver-Produktion in Betrieb genommen werden.
Durch den Ankauf eines angrenzenden Grundstückes und diverse An- und Umbauten wurden die Voraussetzungen zur weiteren Expansion geschaffen.

1989 wurde eine Fabrikationsstätte für die Herstellung von teigförmigen organischen und anorganischen Pigmentkonzentraten übernommen. Diese Präparationen werden vorwiegend in der Farben- und Lackproduktion sowie zur Papiereinfärbung eingesetzt. Bereits zu diesem Zeitpunkt wurde es zwingend notwendig, ein Hochregallager und ein neues Verwaltungsgebäude zu bauen.

1994 wurde eine weitere Lagerhalle für Produktionsware und ein neues Sozialgebäude errichtet. Weiterhin wurde das Zentrallager der Muttergesellschaft, der Firma Harold Scholz & Co. GmbH, Bergisch Gladbach, übernommen, um den Handel mit Farbpigmenten der Firma Bayer AG verstärkt zu forcieren.

Im Jahre 1998 wurde die Firma Zyklos Mischtechnik (ehemals dem Schwelm-Konzern zugehörig) integriert. Die Firma Zyklos baut und vertreibt sogenannte Zwangsmischer, die ein Fassungsvermögen von 30 bis 3.000 l besitzen.

Eine weitere Schwesterfirma, die Firma Scholz Dosiertechnik, ist seit Anfang 1999 auf dem gleichen Betriebsgelände ansässig. Hier beschäftigt man sich mit der Projektierung und Installation von Dosieranlagen in der Betonindustrie, so daß der Anspruch der Firmengruppe Scholz, Komplettlösungen anbieten zu können, künftig noch besser verwirklicht werden kann.
Heute beschäftigt die Scholz-Gruppe in Recklinghausen 80 Mitarbeiter.

Luftbildaufnahme des Unternehmens in Recklinghausen-Suderwich.

Mit der VEW Energie können Sie rechnen

In der deutschen Stromwirtschaft gibt es seit April 1998 den freien Wettbewerb: Die Kunden können wählen, von welchem Energieversorger sie ihren Strom beziehen. Klaus-Dieter Prein, Mitarbeiter der VEW Energie AG, der für die Zusammenarbeit mit Industrie und Gewerbe in der Stadt Recklinghausen zuständig ist, beantwortet Fragen zum Thema „Dienstleistung Strom" für die Wirtschaft.

Welche Rolle spielt die Energieversorgung bei der Entscheidung eines Unternehmens, sich in einer Stadt niederzulassen?

Die zuverlässige Versorgung mit Energie gilt heute als selbstverständlich. Sie sollte überall in Deutschland gewährleistet sein. Deshalb ist bei Unternehmen mit normalen Anforderungen die zuverlässige Energieversorgung eine wichtige Voraussetzung, aber nicht das Hauptkriterium für die Ansiedlung von Produktionsstätten.

Was kann ein Energieversorger dennoch dazu beitragen, daß ein Unternehmen sich in einer Stadt wohlfühlt?

Der Energieversorger kann seine Qualität unter Beweis stellen. In Recklinghausen ist die VEW Energie AG Eigentümerin der Strom- und Gasnetze und gleichzeitig der unmittelbare Strom- und Gasversorger der Kunden auf dem Stadtgebiet. Die VEW hat eine in über 70 Jahren gewachsene und moderne Energie-Infrastruktur vorzuweisen. Wir sind nicht der anonyme Energielieferant, sondern im Wortsinne mit allen Kunden verbunden.

Klaus-Dieter Prein ist für die Industriekunden in Recklinghausen zuständig.

Wie reagiert die VEW auf den neuen Wettbewerb in der Energiewirtschaft?

Natürlich müssen wir der Industrie und dem Gewerbe marktfähige Preise anbieten. Doch im unternehmerischen Denken geben nicht die absoluten Kosten den Ausschlag, sondern das Verhältnis von Kosten und Ertrag. Wir bieten deshalb auch zusätzliche Dienstleistungen an wie zum Beispiel die Wartung von 10-kV-Stationen oder den Bau und den Betrieb von Energie-Anlagen beim Kunden. Für besonders interessant halten wir unser Angebot, die Energieanwendung eines Betriebes von der Beleuchtung bis zur Dampferzeugung auf ihre Effizienz zu prüfen. Auf dieser Grundlage erstellen wir dann individuelle Versorgungskonzepte, die auf die jeweiligen Besonderheiten abgestimmt sind. Durch Einsparen von Energie können unsere Kunden ihre Stellung im Wettbewerb verbessern und den ökologischen Maßstäben gerecht werden. ■

VEW ENERGIE

VEW Energie AG

Vorstandsvorsitzender:
Dr.-Ing. Joachim Adams

Gründungsjahr:
1925

Geschäftstätigkeit:
Energieversorgung, Energiedienstleistungen

Anschrift:
VEW Energie AG
Abteilung Sondervertragskunden
Wielandstr. 82
44791 Bochum
Telefon (0234) 515-24 57
Telefax (0234) 515-23 92
E-mail Verkauf.Sondervertragskunden-RL@vew.de

Umspannwerk Recklinghausen: Hinter der historischen Hülle verbirgt sich die moderne Technik eines der drei 110/10 kV Umspannwerke für die Stadt Recklinghausen.

Recklinghausen – Standort für Ökologie und regionale Entwicklung

Seit 1994 gibt es die Landesanstalt für Ökologie, Bodenordnung und Forsten/Landesamt für Agrarordnung (LÖBF) in Recklinghausen. Fünf früher selbständige Landesinstitutionen – darunter die seit 1978 hier ansässige LÖLF – sind unter ihrem Dach zusammengefaßt worden.

Die LÖBF ist die zentrale Einrichtung für den grünen Umweltschutz in Nordrhein-Westfalen und untersteht dem Ministerium für Umwelt, Raumordnung und Landwirtschaft. Acht nachgeordnete Ämter für Agrarordnung (AfAO) kümmern sich um die nachhaltige Entwicklung in den ländlichen Regionen.
Der Umweltschutz hat sich mit vielen Problemen zu befassen. Zwar kann Nordrhein-Westfalen in den letzten zehn Jahren gute Erfolge vorweisen. So ist die Schadstoffbelastung vieler Bäche und Flüsse zurückgegangen, und viele Feuchtwiesen mit ihrer artenreichen Tier- und Pflanzenwelt sind geschützt worden. Doch im grünen Umweltschutz – dem Naturschutz und der Landschaftspflege – gibt es noch viel zu tun:

Die Rote Liste der gefährdeten Tiere und Pflanzen ist nach wie vor lang. Wo findet man noch eine wildwachsende Akelei oder einen Schmetterling wie den Schwalbenschwanz? Viele Arten sind gefährdet oder sogar ausgestorben!
Immer noch wirken Schadstoffe intensiv auf unsere Wälder ein. Die Waldschadenserhebung 1998 hat gezeigt, daß mit einer „Entwarnung“ vorläufig nicht zu rechnen ist. Besonders stark geschädigt ist die Eiche.
Die katastrophalen Überschwemmungen in den 90er Jahren in den Städten am Rhein, aber auch in ländlichen Gebieten, haben uns sehr deutlich auf die Zerstörung der Flußauen als natürliche Wasserspeicher aufmerksam gemacht. Die zunehmende Versiegelung ist ebenfalls eine wesentliche Ursache.

Dienststellen der LÖBF in Nordrhein-Westfalen

Rolf Kalkkuhl

Der Autor wurde 1946 in Moers am Niederrhein geboren. Nach dem Studium der Rechtswissenschaften arbeitete er ab 1975 als Regierungsrat im Landesamt für Agrarordnung für die strukturelle Entwicklung des ländlichen Raumes. Ab 1976 folgten Referententätigkeiten in verschiedenen Landesministerien. Zwischen 1980 und 1985 war Rolf Kalkkuhl persönlicher Referent der nordrhein-westfälischen Landwirtschafts- und Umweltminister Hans-Otto Bäumer, Johannes Rau und Klaus Matthiesen. 1986 wurde er zum Präsidenten des Landesamtes für Agrarordnung in Münster ernannt, 1994 zum Präsidenten der LÖBF, der in Recklinghausen aus verschiedenen Institutionen neu gegründeten Umwelteinrichtung Nordrhein-Westfalens.

Der gefährdete Schwalbenschwanz ...

...und wildwachsende Akelei.

Überschwemmung im Münsterland.

Nicht wenige Experten sehen auch die bäuerliche Landwirtschaft auf der Roten Liste: Angesichts des massiven Rückgangs der landwirtschaftlichen Betriebe unter verschärften Wettbewerbsbedingungen stellt sich die Frage, wer in Zukunft die vielgestaltige Kulturlandschaft, die vielen Menschen Erholung bietet, erhalten und pflegen soll. Die ländlichen Regionen mit ihren Dörfern und ihrer Bevölkerung dürfen nicht vernachlässigt werden und müssen an der Zukunft teilhaben.
Es ist Aufgabe der LÖBF, bei der Lösung dieser Probleme entscheidend mitzuwirken, um alle diese negativen Trends in eine positive Richtung zu lenken.

Die Landesanstalt für Ökologie: Makler zwischen Ökonomie und Ökologie

Auch im Raum Recklinghausen haben auf Grund der zurückgehenden Erlöse viele Landwirte aufgeben müssen: Für ihr Überleben ist es deshalb wichtig, einen gerechten Ausgleich zu finden, wenn landwirtschaftliche Flächen für den Naturschutz, für Wohn- und Gewerbegebiete oder für Straßen benötigt werden.
Deshalb verschafft die LÖBF den Bauern über Bodenordnungsverfahren Ersatzgrundstücke für die benötigten Flächen oder trifft mit ihnen Vereinbarungen über eine umweltverträgliche Bewirtschaftung.

So konnten im Rahmen des Feuchtwiesenschutzprogramms in den Rhader Wiesen, den Wessendorfer Elven bei Reken und im Redder Bruch bei Datteln insgesamt 240 Hektar Flächen für den Naturschutz bereitgestellt werden. Die Verträge mit den Landwirten beinhalten nicht nur die Sicherung von Wiesen und Weiden und damit von Lebensräumen des Kiebitzes und anderer Wiesenvögel, sie gewährleisten auch eine umweltverträgliche Nutzung des Grünlandes und damit einen besonderen Schutz für typische Pflanzen wie die Sumpfdotterblume (Blume des Jahres 1999).

Die Lippeaue, die den Kreis Recklinghausen nördlich von Marl durchquert, ist mit rd. 2.000 ha das größte Naturschutzgebiet im Regierungsbezirk Münster. Sie stellt eine der wichtigsten ökologischen Achsen der Westfälischen Bucht dar. Der LÖBF ist es gelungen, im Rahmen des Gewässerauenprogramms Verträge über 635 ha zur Sicherung dieser wertvollen Flächen abzuschließen. In anderen Bereichen der Lippe werden erhaltenswerte Auenflächen in öffentliches Eigentum gebracht. Alle Maßnahmen tragen auch dazu bei, die Wasserrückhaltung der Lippeaue zu er-

Die Lippeaue.

Heute Getreidefeld – morgen Wohngebiet?

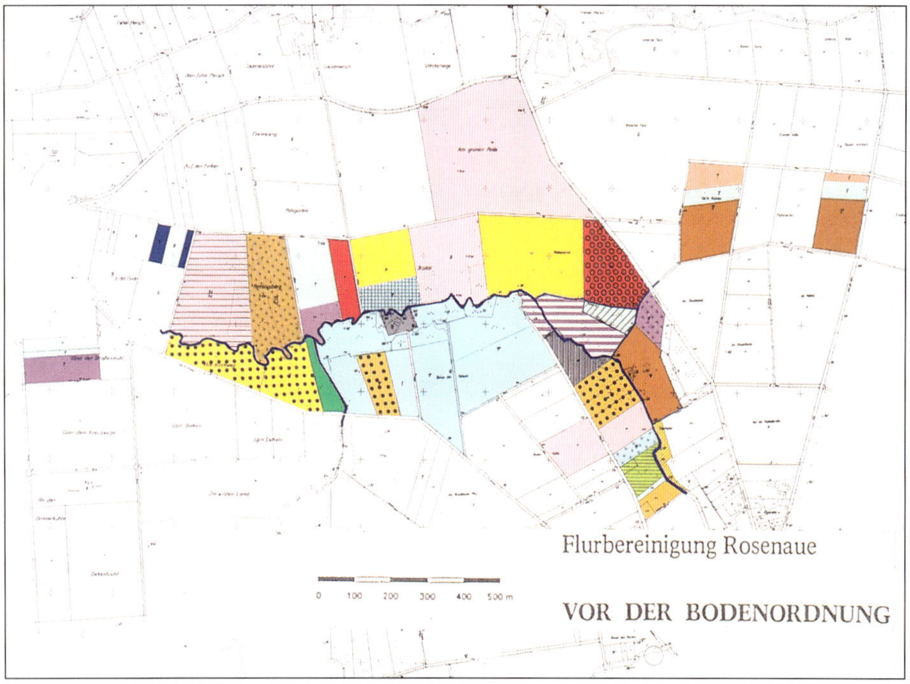

Eine Aue mit vielen Grundeigentümern (verschiedenfarbige Gebiete grenzen an die Lippe)...

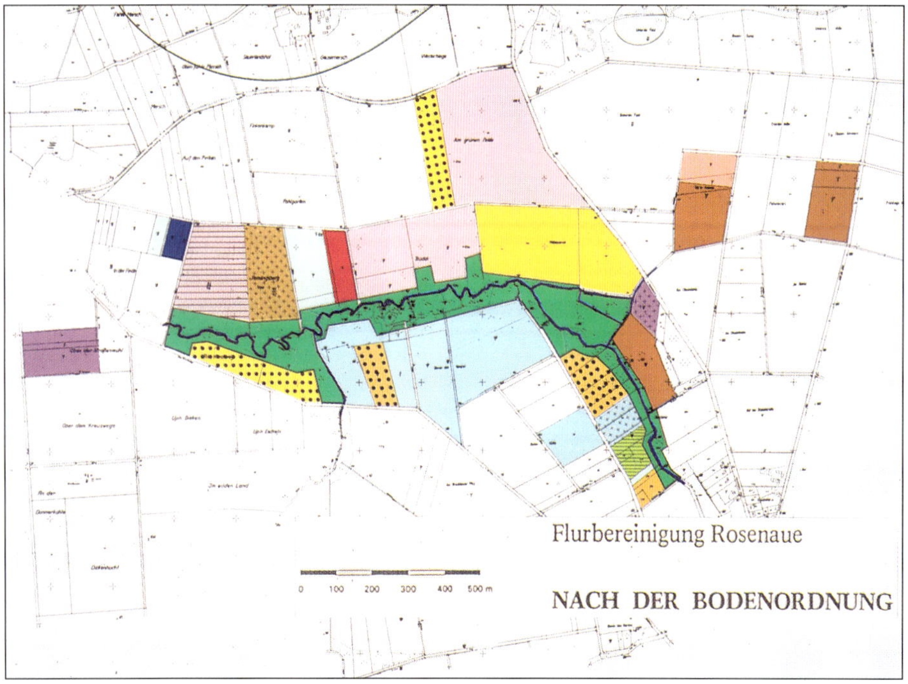

... wurde in öffentliches Eigentum gebracht (grünes Gebiet beidseitig der Lippe).

höhen und Überschwemmungen im Unterlauf zu reduzieren.
Ein weiteres Beispiel für erfolgreichen Vertragsnaturschutz ist das Programm „Artenreiche Feldflur". Jäger und Landwirte haben auch im Kreis Recklinghausen erste Maßnahmen zum Anlegen von Stoppelbrachen oder zum Ausbau von Zwischenfrüchten eingeleitet. Sie bieten verschiedenen Tierarten wie dem Feldhamster oder der Feldlerche verbesserte Lebensbedingungen. Die LÖBF schließt die entsprechenden Verträge ab und gewährt Ausgleichszahlungen für Landwirte.

Dorferneuerung: Altes bewahren, Neues anpacken

Der Strukturwandel im ländlichen Raum hinterläßt in den Dörfern tiefe Spuren: Leerstehende Gebäude, städtischer Baustil, überzogene

Verrottetes Fachwerk im Dorf.

Straßenbauten und der Verlust dorftypischer Tiere und Pflanzen verändern das Erscheinungsbild.
Die LÖBF hat sich zum Ziel gesetzt, über die Förderung der Dorferneuerung eine nachhaltige regionale Entwicklung in Gang zu setzen und das Gemeinschaftsleben der Menschen im ländlichen Raum zu fördern. Das Motto der Agenda 21 „Global denken, lokal handeln" wird hier verwirklicht.

So werden private Maßnahmen der Bürger gefördert, welche die Fassaden, Dächer, Fenster etc. ihrer ortsbildprägenden Gebäude gerne erhalten möchten. Aber auch Gemeinden können Fördermittel erhalten, insbesondere zur Gestaltung des Ortsbildes, Beruhigung des Verkehrs, für Gemeinschaftseinrichtungen oder zur Begrünung des Dorfes. Dorfplanungen gehen diesen Förderungen voraus. Die Bürger können sich intensiv daran beteiligen und mitbestimmen. Neuerdings fördert die LÖBF auch die Umnutzung landwirt-

Instandgesetztes Fachwerkhaus.

schaftlicher Gebäude, z.B. für die direkte Vermarktung regionaler bäuerlicher Produkte. Dadurch wird den Landwirten eine weitere Einkommensquelle erschlossen, die zur Sicherung ihrer Existenz beiträgt.

In den Recklinghäuser Ortsteilen Essel, Speckhorn, Ortloh und Althochlar förderte die LÖBF mit Dorferneuerungsmitteln bereits zahlreiche private und öffentliche Maßnahmen.

Eine umfassende Förderung kam der Bauernschaft Althochlar zugute, einer Region mit einzigartiger siedlungsstruktureller und bauhistorischer Geschlossenheit, die nach wie vor von der Landwirtschaft geprägt ist. Auf Grund einer von der LÖBF in Auftrag gegebenen Planung konnte der fließende Verkehr beruhigt und ein Rad-/Gehweg angelegt werden. Eine wesentliche Steigerung seiner Attraktivität hat Althochlar auch dadurch erfahren, daß 18 großkronige Linden gepflanzt und asphaltierte Flächen entsiegelt und begrünt wurden.

Ein weiteres Beispiel ist die Förderung einer nicht mehr genutzten Scheune des Schulbauernhofs in Ortloh, die zu einem Schulungsraum umgestaltet wird. Die alte Scheune bleibt damit erhalten und wird zeitgemäß genutzt.
Es lohnt sich, auch Dörfer im Ruhrgebiet wie in Recklinghausen zu fördern. Sie erhöhen den Reiz dieses einzigartigen Industriereviers, in dem landwirtschaftliche Aspekte von Fremden so gar nicht vermutet werden.

Zum Wohle der Natur: Ökologie, Naturschutz und Landschaftspflege

In den letzten Jahrzehnten sind viele Lebensräume für Tiere und Pflanzen verlorengegangen: Bäche wurden begradigt, ihre Auen zerstört, Flächen versiegelt, Feuchtgebiete entwässert, Nutzflächen intensiv gedüngt und chemisch behandelt, Hecken und Gehölze entfernt.

Durch die von der LÖBF betreuten Programme zum Schutz von Feuchtwiesen, Gewässerauen, Ackerwildkräutern, Streuobstwiesen und der Mittelgebirge sind in Nordrhein-Westfalen beachtliche Erfolge für den Erhalt vieler Pflanzen und Tiere und für den ökologischen Hochwasserschutz erzielt worden. Doch die Roten Listen der gefährdeten Tiere und

Begradigter Fluß.

Schulbauernhof in Ortloh.

Naturnahe Flußaue.

Bunte Ackerränder.

Pflanzen und die Überschwemmungen in den 90er Jahren zeigen, daß wir weiterhin erhebliches Engagement für Natur und Landschaft brauchen.

Die LÖBF liefert die fachlichen Grundlagen und Konzepte für die ökologische Erneuerung unseres Landes. Staatlichen Entscheidungsträgern werden dafür fundierte Grundlagen zur Verfügung gestellt.

Damit werden z.B. Fragen beantwortet zur richtigen Bewirtschaftung von Naturschutzgebieten, zum Erhalt der Lebensräume des Laubfrosches, der Nachtigall und der Schmetterlinge oder Fragen zur Vermeidung von Eingriffen in die Natur.

Das Aufgabenspektrum der LÖBF umfaßt u.a. die

- Erhebung, Bewertung und Bereitstellung ökologischer Daten
- Erarbeitung wissenschaftlicher Grundlagen für die Ausweisung und Pflege von Naturschutzgebieten
- Empfehlungen und Planungen für den Schutz, die Pflege und Entwicklung von Lebensräumen

Der Laubfrosch.

Natur in eindrucksvoller Form: die Westruper Heide.

- Erarbeitung von Artenschutzprogrammen für gefährdete Tiere und Pflanzen
- Effizienzkontrolle zur Wirkung von umgesetzten Naturschutzplanungen

Ein gutes Beispiel für die Erarbeitung wissenschaftlicher Grundlagen und die Entwicklung von Empfehlungen und Planungen ist die Westruper Heide. Dieses Naturschutzgebiet liegt zwischen den bewaldeten Höhen der Haard und der Hohen Mark. Mit seinen parkähnlich eingestreuten Wacholder- und Birkenbüschen ist es ein beliebtes Ziel für Menschen aus dem Ruhrgebiet, die in ihrer Freizeit Ruhe und Erholung suchen.

Noch vor 100 Jahren gehörten Heiden zum vorherrschenden Kulturlandschaftstyp. Doch mit den sozialen und technologischen Umwälzungen durch die industrielle Revolution vollzog sich nicht nur im Ballungsraum selbst, sondern auch in der ländlichen Umgebung ein rasanter Landschaftswandel, dem auch die Heiden fast vollständig zum Opfer fielen. Als eine der wenigen Restflächen blieb die rd. 63 Hektar große Westruper Heide. Aber auch sie war gefährdet, weil

- die Heide nicht mehr bewirtschaftet wurde und Vergrasung und Bewaldung diesen Biotoptyp zu zerstören drohten,

Die Heidelerche.

• der Erholungsverkehr die Pflanzen- und Tierwelt massiv beeinträchtigte.

Auf Probeflächen wurde von der LÖBF ein Konzept zur Wiederherstellung erarbeitet. Seit 1993 wird die Heide mit Heidschnucken und Ziegen beweidet. Inzwischen sind typische Pflanzen und Tiere zurückgekehrt.

Eine Konzeption der LÖBF zur Lenkung des Erholungsverkehrs und zum Naturerlebnis ist ebenfalls umgesetzt worden: Unter Schonung von Natur und Landschaft sucht die Bevölkerung heute die Westruper Heide auf, um sich dort zu treffen, zu erholen, an naturkundlichen Führungen teilzunehmen oder Honig, Wolle und Schafsfleisch einzukaufen.

Kampf dem „Sauren Regen“: Ökologische Langzeituntersuchungen im Wald

Luftverunreinigungen beeinträchtigen schon seit Jahrzehnten die Lebensqualität der Menschen und die Lebensräume der Tiere und Pflanzen. Waren es bis Mitte der 80er Jahre vor allem Schwefeleinträge, die zu Waldschäden führten, so gilt heute der vermehrte Ausstoß von Stickstoff durch den Straßenverkehr als wichtigste Ursache für dieses Umweltproblem europäischen Ausmaßes.

Im Waldschadensbericht 1998 der LÖBF wird die Hälfte des Waldes in Nordrhein - Westfalen als krank eingestuft. Am stärksten gefährdet ist die Eiche. Aber auch Buchen und ältere Fichten sind hoch belastet.

Untersuchungen der LÖBF in Hochlarmark haben ergeben, daß Rauchgase, insbesondere Schwefeldioxyd, das Höhenwachstum der Waldbäume stark verringern und zur Ausbildung einer flachen Schirmkrone führen. Die Kronenschäden sind an den Bäumen deutlich zu erkennen und in stark verringerten Jahrringbreiten nachzuweisen.

Seit 1982 betreibt die LÖBF im Waldgebiet der Haard eine Meß- und Dauerbeobachtungsstation im Rahmen des ökologischen Umweltmonitorings. In einem Buchenbestand werden umwelt- und naturschutzrelevante Daten gesammelt

Geschädigte Stieleiche.

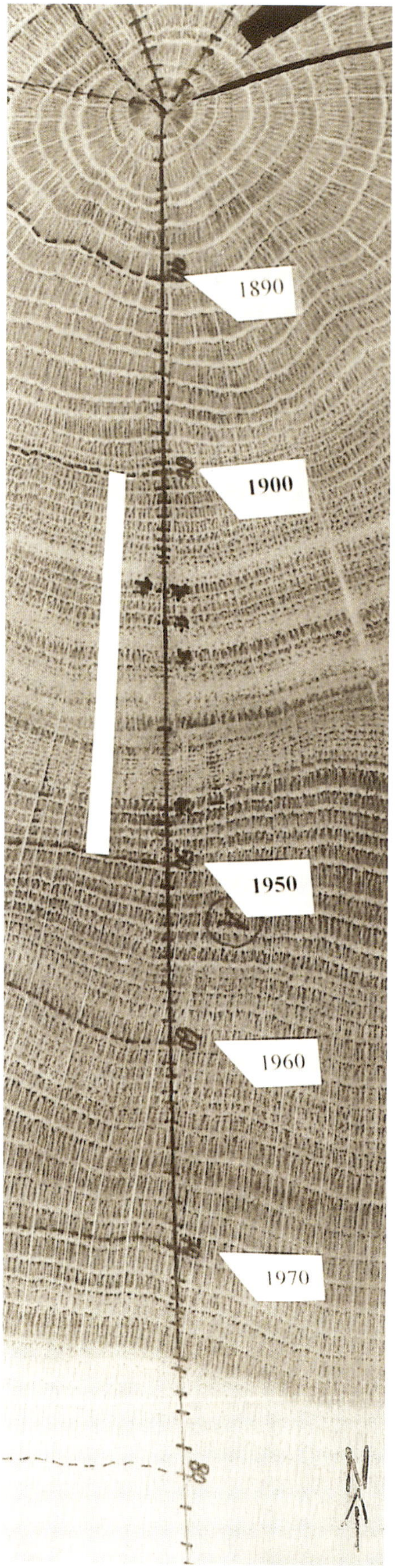

Enge Jahresringe – hohe Luftverschmutzung.

Auffangen und Untersuchen von Niederschlägen.

den Landschaftsbestandteilen der Auen und Niederungen gehörte, stark zurückgedrängt. Sie ist heute vom Aussterben bedroht.

Die Schwarzpappel, die auch in den Auen von Emscher und Lippe noch vorkommt, braucht die unregulierte Flußlandschaft mit regelmäßigen Überschwemmungen. Nur dort findet sie die Bedingungen, unter denen die natürliche Verjüngung durch abgerissene Pflanzenteile oder auch die Keimung der empfindlichen Samen möglich ist.

Der Erhalt der Schwarzpappel ist also nur über kontinuierliche Anpflanzungen zu erreichen. Dazu müssen die Baumschulen aber in die Lage versetzt werden, bodenständige und reinrassige Exemplare anzubieten. Zu diesem Zweck erfaßt die LÖBF die noch vorhandenen Schwarzpappeln und überprüft ihre Reinrassigkeit. Das geschieht mit Hilfe genetischer Untersuchungen. Mit Steckreisern von echten

und analysiert. Die Arbeiten umfassen die
- Aufzeichnung der Wetterdaten
- Untersuchung des Wasser- und Stoffhaushalts
- regelmäßige Messung der Bodenbelastung
- Analyse der Nähr- und Schadstoffe in Pflanzen
- Messung des Waldwachstums
- Beobachtung der Waldschäden
- Erfassung des Artenbestandes von Pflanzen und Tieren

Alle Ergebnisse tragen dazu bei, die Wechselbeziehungen zwischen der Immissionsbelastung in dieser Region und der globalen Klimaveränderung auf die Entwicklung naturnaher Lebensräume aufzuzeigen. Die Daten der insgesamt sieben Waldmeßstationen in NRW werden auch an die Europäische Union weitergegeben.

Die bisherigen Meßergebnisse der LÖBF belegen einen deutlichen Rückgang der Schwefeleinträge – ein Erfolg auch der Umweltpolitik in NRW. Diese Entlastung wird jedoch von einer Zunahme der stickstoffhaltigen Niederschläge durch den Straßenverkehr überschattet. Die Stickstoffbelastung in dieser Region hat in zehn Jahren um bis zu 20 % zugenommen.

Die Forstgenbank der LÖBF: Eine Chance für den Erhalt der Schwarzpappel

Es sind nicht nur die Luftverunreinigungen, die den Bäumen zu schaffen machen. Auch die einschneidenden Veränderungen der Flußauen haben Auswirkungen auf Baumbestände. So wurde z.B. die Schwarzpappel, die einst zu den prägen-

Die Schwarzpappel ist ein besonders gefährdeter Baum der Flußauen.

Waldrand in herbstlicher Färbung.

Pappeln werden dann Samenplantagen und sg. Stecklings – Mutterquartiere aufgebaut, in denen Samen und Stecklinge für die Pflanzenanzucht in der Baumschule produziert werden. Nur mit Pflanzenmaterial von bodenständigen Mutterbäumen kann das Überleben der heimischen Schwarzpappel auch im Raum Recklinghausen gesichert werden. Neben dem Biomonitoring im Wald, dem Wachstum des Waldes und der Sicherung seiner genetischen Grundlagen arbeitet die LÖBF an …

- Untersuchungen zur natürlichen Waldpflege, u.a. beim Einsatz von Maschinen
- Grundsätzen und Methoden der Waldvermehrung, vor allem in Ballungsräumen und waldarmen Agrargebieten
- Konzepten zur Waldentwicklung zu größerer Artenvielfalt und stärkerer Berücksichtigung von Laubbäumen
- der Landeswaldinventur mit der Erfassung aktueller Waldzustandsdaten.

Programme helfen: Schutz von Fisch- und Wildbeständen

Durch technischen Ausbau, Schadstoffeinleitungen und die Zerstörung der Auen haben sich in der Vergangenheit viele Flüsse zu fast toten Abflußrinnen entwickelt. Der Bau von Kläranlagen und die Renaturierung von Gewässern haben dazu geführt, daß inzwischen wieder Lebensräume für verschiedene Fischarten entstanden sind.
Weitere Probleme liegen in der Zerstörung von Biotopen, im zunehmenden Straßenverkehr und in seuchenartig auftretenden Krankheiten, die Wildbestände gefährden.

Hier setzt die Arbeit der LÖBF ein. Auf der Grundlage naturwissenschaftlicher Untersuchungen erarbeitet sie umweltverträgliche Schutz- und Bewirtschaftungsmaßnahmen für Fische und Wild. Dazu gehört z.B. die Wiedereinbürgerung des Lachses im Rhein bis zum Jahre 2000 durch das Programm „Lachs 2000", das heute als „Wanderfischprogramm Nordrhein-Westfalen" fortgeführt wird.

Im Kreis Recklinghausen lebt in einer Schloßgräfte noch der Bitterling, das einzige Vorkommen dieser vom Aussterben bedrohten Art im Ruhrgebiet und im Münsterland. Die LÖBF hat durch geeignete Maßnahmen dazu beigetragen, daß der Bestand des Bitterlings in diesem Gebiet erhalten bleibt.

Das Rebhuhn, heute in der Roten Liste der gefährdeten Vogelarten als „stark gefährdet" eingestuft, kommt im Kreis Recklinghausen noch flächendeckend vor. Um den Lebensraum dieses Federwildes und anderer Arten zu erhalten, wurde von der LÖBF das nordrhein – westfälische Förderprogramm „Artenreiche Feldflur" entwickelt und erfolgreich im Kreis Recklinghausen umgesetzt.

Der Bitterling ist vom Aussterben bedroht.

Auch das Rebhuhn zählt zu den gefährdeten Tierarten.

Ziel der LÖBF ist es, für privaten und öffentlichen Wald ökologisch und ökonomisch vorbildliche Verfahren zur nachhaltigen Bewirtschaftung zu entwickeln, damit der Wald seine Funktionen als Holzlieferant, Erholungsraum, Lebensraum für Tiere und Pflanzen sowie zur Luftreinhaltung und zum Schutz von Wasser und Boden optimal erfüllen kann.

Naturschutz-Bildung vor Ort.

Natur- und Umweltschutz – Akademie (NUA): Bildungseinrichtung für Nordrhein – Westfalen

Die NUA ist bei der LÖBF eingerichtet und wird von den anerkannten Umwelt- und Naturschutzverbänden mitgetragen. Über 100 Veranstaltungen zu aktuellen Themen des Umwelt- und Naturschutzes bietet die NUA jährlich an. Ein praxisorientierter Info-Service, z.B. zur naturnahen Gartengestaltung, steht allen Bürgerinnen und Bürgern zur Verfügung. Gemeinsam mit Kindergärten, Umweltverwaltungen und Verbänden wird nach einer verbesserten und effizienteren

Lumbricus – der Umweltbus.

Umweltbildungsarbeit gesucht. Der Lumbricus, rollendes Klassenzimmer und mobile Umweltstation, unterstützt vor allem die schulische Bildungsarbeit. Mit Ausstellungen wie „Der Boden lebt“ und Kampagnen wie z.B. über naturnahe Spielplätze wird der Umweltgedanke in breite Bevölkerungskreise hineingetragen.

1997 startete die NUA für Schulen im Kreis Recklinghausen die Kampagne „Umweltschule in Europa“ und schuf damit die Voraussetzungen dafür, daß sich Schulen aus dieser Region als erste in NRW an diesem internationalen Projekt beteiligen konnten. „Umweltschule in Europa“ bietet Schulen einen Anreiz, sich für wirksame Verbesserungen der schulischen Umweltsituation einzusetzen.

DSK

Deutsche Steinkohle AG
Bergwerk Blumenthal/Haard

Werksleiter:
Wilhelm Baumgärtel

Gründungsjahr des Betriebes:
1873

125 jähriges Jubiläum:
1998

Anzahl der Mitarbeiter:
ca. 4.000

Geschäftstätigkeit:
Förderung von
2,5 Mio. t sicherer heimischer Energie

Anschrift:
Herner Straße 85
45659 Recklinghausen
Telefon (02361) 52-0
Telefax (02361) 52-23 57
E-mail post@deutsche-steinkohle.de
Internet www.deutsche-steinkohle.de

Weitere Informationen:
Deutsche Steinkohle AG
Presse- und Öffentlichkeitsarbeit
Shamrockring 1
44620 Herne
Telefon (02323) 15-31 06
Telefax (02323) 15-37 59

Die Deutsche Steinkohle AG
ist ein Unternehmen im RAG-Konzern.

Verbindungsstrecke unter Tage.

Untertage-Team Revier 71.

Partner für die Region – Bergwerk Blumenthal/Haard

125 Jahre gemeinsamer Geschichte verbinden den Bergbau und die Stadt Recklinghausen. Das Bergwerk Blumenthal/Haard ist auch heute wichtiger Arbeitgeber und starker Wirtschaftsfaktor

Schacht 6.

Das Unternehmen ist ein moderner und leistungsfähiger Bergbau mit ca. 4.000 Mitarbeitern und rund 2,5 Millionen Tonnen Jahresförderung. Das Bergwerk macht 700 Millionen Mark Umsatz im Jahr. Die Mitarbeiter verfügen über 180 Millionen Mark Nettokaufkraft jährlich.

Qualifizierte Mitarbeiter, modernste Technik und eine umfassende Automatisierung mit computergesteuerten Systemen sind die Garanten für die hohe Leistungsfähigkeit auf dem Bergwerk Blumenthal/Haard. Drei Gewinnungsbetriebe in Tiefen zwischen 900 und 1.200 Meter erbringen eine Jahresförderung von rund 2,5 Millionen Tonnen hochwertiger Steinkohle. Eine komplexe Logistik mit einer teilweise vollautomatischen Zugförderung sorgt für einen reibungslosen Transport. Die gleichbleibend gute Qualität garantiert schließlich die High-Tech-Aufbereitungsanlage. Mit unserer Kohle werden täglich Verbraucher in der ganzen Bundesrepublik versorgt. Ein wichtiger Beitrag für eine sichere Energieversorgung!

Tradition verpflichtet

Bergbau und Recklinghausen verbindet nicht nur eine 125-jährige Geschichte, sondern maßgeblich die wirtschaftliche Entwicklung der Region und der Stadt. Seit Aufnahme der Förderung wurden im Bereich des Bergwerks über 235 Millionen Tonnen Steinkohle gewonnen. Im Rahmen von mehreren Anpassungsmaßnahmen sind ehemals selbständige Bergwerke zum Verbundbergwerk Blumenthal/Haard zusammengeführt worden.

Seinen Doppelnamen verdankt das Bergwerk dem Generalfeldmarschall Leonhard Graf von Blumenthal und dem ehemaligen Bergwerk Haard. Heute ist Blumenthal/Haard eins von derzeit 15 modernen und leistungsstarken Bergwerken der Deutschen Steinkohle AG.

Besondere Verantwortung

Für uns ist Umweltschutz Unternehmensziel und Verantwortung zugleich, denn Bergbau und Umwelt gehören untrennbar zusammen. Wir vermeiden ökologische Beeinträchtigungen, wo immer es möglich ist, oder reduzieren diese mit innovativen Konzepten, die im Einklang mit der Natur stehen. Dies belegt der aktive Abbau in den Baufeldern Haltern und Haard. Bergbau bedeutet zudem, in enger Zusammenarbeit und kompromißbereit mit den Beteiligten Interessen abzuwägen, insbesondere wenn unter dichtbesiedelten Gebieten abgebaut wird. Auch innerbetrieblich leisten wir einen aktiven Beitrag zum Schutz sowie Erhalt einer lebenswerten Umwelt durch den Einsatz von biologisch abbaubaren Betriebsstoffen.

Partner für die Region

Das Bergwerk Blumenthal/Haard kauft jährlich für mehr als 200 Millionen Mark Waren und Dienstleistungen ein – ein Wirtschaftsfaktor für zahlreiche Unternehmen im Umfeld und in der gesamten Bundesrepublik. Hinzu kommen über 180 Millionen Mark an Nettokaufkraft durch Löhne und Gehälter unserer Mitarbeiter, das ist die Basis für eine gesunde Wirtschaftsstruktur und belegt deutlich, daß nicht nur Bergleute und ihre Familien, sondern erheblich mehr Menschen von dieser Wirtschaftskraft abhängen. Beispiele für unsere soziale Verantwortung: zukunftsorientierte Ausbildungsplätze und die Bereitstellung nicht mehr benötigter Flächen für neue Aktivitäten. ■

Bestes aus Früchten

Genuß und Gesundheit als Maxime unternehmerischen Handelns

Möller Obstsäfte und Nektare, fruchtig - saftig - gesund.

Die Obstsaftkelterei Möller ist einer der wenigen Betriebe dieser Branche in Deutschland, die aus Qualitätsgründen alle Verarbeitungsstufen selbst durchführen. Von der Frischfrucht-Auslese über das Pressen und die Tanklagerung bis zum Abfüllen auf Flaschen. Ganz im Gegensatz zu Konzernunternehmen, die sich nur auf die Abfüllung und den Vertrieb beschränken.

Diese Konsequenz entspricht einem charakteristischen Verantwortungsbewußtsein gegenüber dem Verbraucher, das schon die Handlungsweise des Firmengründers Josef Möller sen. bestimmte.

Im Jahre 1936 gründete Josef Möller sen. die erste Lohnmosterei in Recklinghausen. Damit erfüllte er vor allem einen ausdrücklichen Wunsch der Kleingärtner unserer Stadt. Diese hatten den technisch versierten Josef Möller gebeten, die Haltbarkeit von Gartenfrüchten, insbesondere Johannisbeeren, Stachelbeeren, Kirschen und Äpfel, möglichst lange zu sichern. Dabei stand der Gedanke einer gesunden Ernährung der Familien im Vordergrund. Pioniergeist und technisches Können befähigten Josef Möller sen., einer der ganz frühen Hersteller von alkoholfreien, wohlschmeckenden und gesunden Säften zu werden.

Der Betrieb entwickelte sich schon bald zu einer Süßmosterei mit ansehnlichen Umsätzen. Dann kam der Krieg und machte allen Zukunftshoffnungen vorerst ein Ende. Sohn Edmund Möller gelang es nach der Währungsreform, das Unternehmen erfolgreich neu zu beleben. Dabei blieb er dem Qualitäts-Ideal seines Vaters verpflichtet. In den Folgejahren wurde der Betrieb stufenweise modernisiert und zu einer leistungsfähigen Obstsaftkelterei ausgebaut.

1989 trat Josef Möller jun. als Geschäftsführer und Gesellschafter in die Firma ein. Unter seiner Leitung wird das Unternehmen in der 3. Generation fortgeführt. Derzeit werden jährlich rund 6000 Tonnen Obst zu Saft verarbeitet. Bis zu 1 Million Liter Saft können in einem modernen Tanklager steril gelagert werden. Vor etwa 10 Jahren erhielt der Betrieb eine hochmoderne, vollautomatische Abfüllanlage mit einer Stundenleistung von 12.000 und einer Jahresproduktion von 15 Millionen Flaschen.

Möller Obstsäfte werden überall in NRW und – als spezielle Reformprodukte – in Apotheken und Reformhäusern der ganzen Bundesrepublik sowie im benachbarten Ausland vertrieben. Natürlich ausnahmslos in umweltfreundlichen Mehrwegflaschen.

Die Schwesterfirma Möller Pharma GmbH & Co. KG ist seit 1994 aktiv. Derzeit werden jährlich ca. 700 Tonnen Heilpflanzen zu Säften verarbeitet. Es ist geplant, in diesen zukunftsträchtigen Markt verstärkt zu investieren und den Umsatz zügig weiter auszubauen. ■

Blick in die moderne Produktionshalle.

OBSTSÄFTE

Obstsaftkelterei
J. Möller GmbH & Co. KG

Geschäftsführende Gesellschafter:
Edmund Möller
Dipl.-Ing. Josef Möller

Gründungsjahr:
1936

Geschäftstätigkeit:
Herstellung und Vertrieb von
- Obst- und Gemüsesäften
- Pharma-Produkten auf Naturproduktbasis

Anschrift:
Forststraße 7
45659 Recklinghausen
Postanschrift:
Postfach 101155
45611 Recklinghausen
Telefon (02361) 2 48 64, 5 70 91/92
Telefax (02361) 2 61 47

Recklinghausen – Stadt des Theaters, der Musik und des kulturellen Engagements der Bürger

Ausgehend von der Tradition der Ruhrfestspiele hat sich der Ruf Recklinghausens als Kulturstadt begründet und ist bis heute Verpflichtung für die Gestaltung des städtischen Lebens. Das Bewußtsein dieser Tradition und die Aufgabe, diese nicht nur zu bewahren, sondern auch weiterzuentwickeln, prägt die Identität der Stadt und ihrer Bürger in besonderer Weise.

Das Ruhrfestspielhaus

Besonders sinnfällig wird dieses Verhältnis von Tradition und Moderne mit Blick auf das im Dezember 1998 nach zweijähriger Umbauphase neu eröffnete Ruhrfestspielhaus. Eine lichte, offene Architektur öffnet den Traditionsbau und macht schon das Begehen des Hauses zu einem besonderen Erlebnis. Durch den Umbau hat das Haus nicht nur eine neue ästhetische, sondern auch funktionale Qualität erhalten. Es bietet sich als Ort für Kongresse und ähnliche Veranstaltungen an. Nach wie vor ist das Ruhrfestspielhaus aber vornehmlich ein Ort des kulturellen Schaffens. Außerhalb der Ruhrfestspiele finden dort kulturelle Gastspiele renommierter Bühnen statt. Die Größenordnung des Bühnenraums erlaubt die Präsentation großformatiger Kulturereignisse aller Sparten. Schauspiel, Oper, Operette, Musical und Tanz fühlen sich hier zu Hause.

Recklinghausen verfügt nicht über ein eigenes Theaterensemble – aber viele Bühnen sind regelmäßig mit ihren großen Theaterproduktionen im Ruhrfestspielhaus zu Gast – so das Schiller-Theater NRW oder das Düsseldorfer Schauspielhaus.

Das Ruhrfestspielhaus Recklinghausen.

Beate Ehlert-Willert

Die Autorin ist eine „waschechte" Recklinghäuserin. 1959 in Recklinghausen geboren, kehrte sie nach Beendigung eines Studiums der Germanistik und Kunstgeschichte in ihre Heimatstadt zurück und übernahm die vakante Position der Theaterreferentin im Kulturamt. Seit Mai 1998 ist sie als Fachbereichsleiterin für Kultur und Weiterbildung in der Stadt Recklinghausen zuständig.

Mit einer Platzkapazität von über 1.000 Plätzen wird das Haus der kulturellen Mittelpunktsfunktion der Stadt gerecht.

Die Neue Philharmonie Westfalen

Recklinghausen ist nicht nur eine Stadt des Theaters, sondern auch der Musik. Hier liegt ein weiterer Schwerpunkt des kulturellen Lebens. Als Sitz der Neuen Philharmonie Westfalen, die in einem ehemaligen Straßenbahndepot eine Heimat gefunden hat, wird die Stadtgesellschaft Recklinghausens lebhaft gestaltet durch die Aktivitäten des Orchesters und der vielen Musiker, die in ihm arbeiten und oft auch in Recklinghausen leben.

Mit der Neuen Philharmonie Westfalen ist im Herzen des Ruhrgebiets eine spannende und facettenreiche Kulturregion entstanden. Zwei Orchester haben sich in diesem Großraum zu einem

Die Neue Philharmonie Westfalen während eines Konzerts im ehemaligen Straßenbahndepot.

neuen „Ganzen" vereinigt. Das ehemalige Philharmonische Orchester der Stadt Gelsenkirchen und das ehemalige Westfälische Sinfonieorchester Recklinghausen sind verschmolzen zur Neuen Philharmonie Westfalen, mit ca. 123 Musikern ein Klangkörper von besonderer Bedeutung für die Region. Getragen von den Städten Gelsenkirchen, Recklinghausen und dem Kreis Unna verkörpern die engagierten MusikerInnen unter der Leitung von Generalmusikdirektor Johannes Wildner ein gutes Stück Westfalen. Sie wirken mit hohem künstlerischen Anspruch zusammen und vermitteln Musikerlebnisse der besonderen Art.

Die Zusammenarbeit mit internationalen Solisten im Rahmen von Konzerten, die natürlich auch in Recklinghausen gegeben werden, ist für das Orchester selbstverständlich.

Chöre und mehr

Darüber hinaus zeichnet sich das musische Leben in der Stadt ganz wesentlich durch eine vielfältige Chorszene aus. Neben der Pflege traditionellen Liedgutes gibt es Chorformationen, die neue Wege beschreiten und recht außergewöhnliche Konzerte mit großem Publikumserfolg gestalten.

Nachwuchspflege wird hier groß geschrieben, so daß überdurchschnittlich viele junge Menschen mit Begeisterung in Chören singen. Durch die Zusammenarbeit mit der Neuen Philharmonie Westfalen entstehen Chorkonzerte von besonderem Rang. Große Werke der Chorliteratur stehen regelmäßig auf dem Recklinghäuser Kulturkalender.

Eine große Bereicherung des musikalischen Lebens in der Stadt erwächst auch aus den Aktivitäten der Kirchenmusiker vor Ort. Die über die Stadtgrenzen hinaus bekanntgewordenen Recklinghäuser Orgeltage mit Konzerten internationaler Organisten, sind so entstanden.

Die Szene – Kleinkunst und Avantgarde

Viel geboten wird in Recklinghausen für eine kulturell interessante Szene. Mit der Reihe „Unart" präsentiert das „junge forum" schräge und junge Kultur – ein ausgesprochenes Inside-Muß für Kulturfreaks.

Im soziokulturellen Zentrum „Altstadtschmiede" erfreut sich eine Kleinkunstreihe mit Gästen aus der internationalen Kleinkunstszene großer Beliebtheit.
Mit Regelmäßigkeit beteiligt sich die Stadt Recklinghausen an überregionalen Projekten, die die innovative Avantgarde aus Theater und Tanz zur Diskussion stellen.

Die Bildende Kunst

Ein weiterer Schwerpunkt im kulturellen Leben der Stadt ist die Bildende Kunst. Recklinghausen ist Sitz von drei sehr unterschiedlichen Museen. Neben dem weltweit bekannten Ikonenmuseum widmet sich die Städtische Kunsthalle der Präsentation moderner Kunst, wogegen das Vestische Museum an die Kulturgeschichte der Region erinnert.

Auch für die Städtische Kunsthalle begründet sich aus einer großen Tradition der Auftrag, neue

Im Künstlerhaus Kenkmannshof.

Kunst zu fördern und ein Forum für den künstlerischen Diskurs anzubieten. 1948 stiftet die Stadt Recklinghausen den Kunstpreis „Junger Westen". Bis heute wird er als erster Kunstpreis der damals jungen Bundesrepublik Deutschland zweijährlich ausgeschrieben.

Die angekauften Werke der Preisträger bilden den eigentlichen Sammlungsschwerpunkt der Kunsthalle Recklinghausen.

Das Vestische Museum ist das jüngste und älteste Museum der Stadt Recklinghausen. Seine Anfänge gehen auf die heimatkundliche Sammlung des 1890 gegründeten Orts- und Heimatvereins Recklinghausen zurück. 1944 weitgehend zerstört, konnte es 1988 als neu konzipiertes, historisches Museum wieder eröffnet werden. Auf über 1.000 m^2 Ausstellungsfläche präsentiert es neben christlicher Kunst aus dem Vest Recklinghausen einen stadt- und landesgeschichtlichen Rundgang und eine einzigartige Sammlung naiver Kunst. Mit besonderem Engagement widmet sich Museumsdirektor Dr. Ferdinand Ullrich auch der Kunst im öffentlichen Raum. So wurde 1996 mit der Errichtung einer Backsteinskulptur für Recklinghausen durch den international renommierten dänischen Künstler Per Kirkeby ein Pendant zu der legendären „Liegenden" von Henry Moore vor dem Recklinghäuser Ruhrfestspielhaus geschaffen.

Die jährliche Ruhrfestspielausstellung 1999 wird sich anläßlich der Wiedereröffnung des Ruhrfestspielhauses der Auseinandersetzung mit Henry Moore und seinem Oeuvre widmen.

Kultur für Kids

Einer Aufgabe haben sich die Kulturschaffenden der Stadt Recklinghausen mit besonderer Liebe und Sorgfalt verschrieben: der Förderung des kulturellen Angebotes für Kinder. Zahlreiche Kinderkonzerte und Theaterveranstaltungen für Kinder sind das Ergebnis.

Theatergruppen sind regelmäßig in Kindergärten und Schulen zu Gast. Für Eltern und Kinder werden regelmäßig große und kleine Theaterereignisse angeboten. In großen Kinderkonzerten mit der Neuen Philharmonie Westfalen unter Leitung von Helmut Imig „arbeiten" Recklinghäuser Kinder mit den Profis der Philharmonie zusammen und kreieren zauberhafte Konzertnachmittage. Mitmachen ist erlaubt.

Die Recklinghäuser Musikschule ermöglicht Kindern die Ausbildung an verschiedenen Instrumenten. In zahlreichen Ensembles können sich die kleinen Künstler dann ausprobieren.

Bekannt geworden ist Recklinghausen auch besonders durch sein Jugendsinfonieorchester unter Leitung von Helmut Imig. Die Leistung der jungen Musiker verblüfft oft auch das fachkundige Publikum. Nebenbei haben die Jugendlichen in ihrem Orchester sehr viel Spaß, zumal auch u. a. Auslandstourneen, u. a. nach Italien und Israel, die Jugendlichen sehr begeistert haben.

Im Rahmen der jährlich stattfindenden Recklinghäuser Kinderkulturtage finden Projekte statt, in denen Kinder unter Anleitung versierter Kulturpädagogen selber Theaterspielen, Tanzen, Musizieren. Für kleine Leseratten hält die Kinder- und Jugendbuchabteilung der Stadtbücherei reichlich Futter bereit.

In die Welt der Sterne werden Kinder und Jugendliche mit einem umfangreichen Programm der Sternwarte Recklinghausen eingeführt. Ein Erlebnisfeld der Sinne wurde rund um die Sternwarte eingerichtet. Ein Summstein, eine Hörspiegelstrecke, ein Zerrspiegel, eine Globussonnenuhr und eine Präzisionssonnenuhr laden zum Entdecken naturwissenschaftlicher Phänomene ein.

Kultur und Bürgerengagement

All die genannten Angebote werden letztlich getragen und befruchtet durch eine kulturell ausgesprochen begeisterte und engagierte Bürgerschaft, die sich zusammen mit Vertretern aus Politik und Wirtschaft regelmäßig am Runden Tisch trifft, um im offenen Gespräch das kulturelle Leben in der Stadt zu gestalten.

So wird die anerkannte Arbeit der Sternwarte Recklinghausen unter der Leitung von Dr. Burkhard Steinrücken ganz wesentlich durch das große Engagement des Vereins der Freunde der Volkssternwarte Recklinghausen e. V. ermöglicht. Das ausführliche Programmangebot der Recklinghäuser Sternwarte vermittelt Grundwissen der Astronomie für interessierte Bürger und bietet gleichzeitig ein Forum für den wissenschaftlichen Diskurs.
Die Neue Literarische Gesellschaft bietet ein anspruchsvolles Literaturprogramm an. Kammermusikalische Akzente setzen neben den zahlreichen Musikern in der Stadt die Gesellschaft der Musikfreunde und die Kammermusikvereinigung. Die „Plattdeutsche Bühne“ hält die Erinnerung an das Brauchtum lebendig. Der Kunstverein Recklinghausen organisiert eigene Ausstellungen und initiiert Gespräche zu Kunst und Kultur immer wieder neu.

Der Vestische Künstlerbund vereint innovative Künstlerpersönlichkeiten aus der Region, die mit regelmäßigen Ausstellungen und Aktionen für Aufsehen sorgen. Das Künstlerhaus Kenkmannshof ist Begegnungsstätte und Kommunikationsraum für Künstler und Publikum. In der VHS wird von Bürgern Theater gespielt, fotografiert, gestaltet usw.

Recklinghausens Kultur ist hochkarätig und setzt Highlights - aber sie ist gleichzeitig ausgesprochen offen für bürgerschaftliches Engagement. Hier kann man sich einbringen und einmischen. ■

Per Kirkeby Backstein-Skulptur für Recklinghausen, 1996.

Druck- und Verlagshaus Bitter GmbH & Co – Tradition und Moderne

Druck- und Verlagshaus Bitter GmbH & Co

Name des Geschäftsführers:
Fred Werner Vossen

Gründungsjahr:
1922

Mitarbeiter:
160

Geschäftstätigkeit:
Verlagswesen, Druckvorstufe, Zeitungsdruck, Akzidenzdruck, Druckveredelung, Buchbinderei, Anzeigen und Werbung.

Anschrift:
Wilhelm-Bitter-Platz 1
45659 Recklinghausen
Telefon (02361) 60 06-0
Telefax (02361) 60 06-22
E-mail BitterGmbH@t-online.de
Internet www.BITTER.de

Das Firmengebäude in Recklinghausen.

Fred Werner Vossen, Geschäftsführer.

Am Anfang war das Wort. Oder das Bild? Dies ist vielleicht eine der ältesten Streitfragen der Menschheit und beschäftigt seit Generationen die Gelehrten.

Formt die Sprache das, was wir sehen, oder reden wir nur über das, was wir vor Augen haben? Soviel ist sicher: Wort und Bild sind elementare Bausteine von Kommunikation.
Erfolgreiches Kommunizieren hat sich in der modernen Informationsgesellschaft zum bedeutenden Schlüsselfaktor für Unternehmen und Institutionen entwickelt. Und genau das ist unser Metier. Wir vom Druck- und Verlagshaus Bitter produzieren effektiv-erfolgreiche Medien und Werbemittel im Printbereich.

Seit nunmehr 75 Jahren machen wir Druck – auf der Rolle oder im Bogen. Aber nicht nur das. Bitter ist heute ein Full-Service-Unternehmen der Kommunikationsbranche mit einer eindrucksvollen Angebotspalette.
Längst wird der traditionelle Druckbereich durch ein ganzheitliches Dienstleistungsbündel aus Verlagswesen, Buchbinderei, EDV-Service sowie Werbe- und Mediaagentur erweitert.

Bitter könnte nicht seit einem Dreivierteljahrhundert existieren, wenn das Unternehmen nicht stets das erworbene Know-how mit innovativen Produktionstechniken verbinden würde. Fortschritt ist unser Ziel, in der Tradition liegt unsere Kraft.

Wir investieren heute in Mensch und Technik, um auch morgen höchste Qualität zu bieten. Das sind wir uns und unseren Kunden schuldig. ■

Das adäquate Ambiente für zukunftsweisende Autos

Audi Zentrum Recklinghausen genießt hohes Vertrauen

Das Audi Zentrum in Recklinghausen.

Audi Zentrum
Recklinghausen

Enning Automobile GmbH & Co. KG

Geschäftsführung:
Bernhard Enning
Gerhard Enning

Geschäftsstellenleiter:
Jürgen Lorkowski

Anschrift:
Audi Zentrum Recklinghausen
Dortmunder Straße 20
45665 Recklinghausen
Telefon (02361) 94 84-0
Telefax (02361) 94 84-84
Internet www.audi-enning.de

Mit dem 1998 in einer beeindruckenden Architektur errichteten Audi Zentrum Recklinghausen wird Unternehmen und Privatkunden ein den zukunftsweisenden Fahrzeugen der Audi-Palette ein adäquates Ambiente geboten.
Neuwagen und Dienstwagen auf insgesamt über 5.000 überdachten Quadratmetern. Gebrauchtwagen, Werkstatt, Ersatzteile. Aral-Tankstelle mit 24-Stunden-Service und Audi-Shop.

An den modernen Arbeitsplätzen der Werkstatt sind ständig geschulte Mitarbeiter tätig, die sich mit der Marke Audi identifizieren und deren Berufsleidenschaft durch den täglichen Umgang mit der faszinierenden Audi-Technik bestimmt wird. Der Respekt vor dieser Entwicklung läßt im Denken und Handeln nur ein Wort zu: Sorgfalt.
Der ständige Online-Kontakt zum Hersteller ist eine zusätzliche Sicherheit für die Beantwortung bzw. Lösung selbst solcher Fragen, die als besonders knifflig eingestuft werden können.

Im Audi Zentrum Recklinghausen werden Gebrauchte mit Garantie angeboten, also Fahrzeuge, die einen Vorbesitzer hatten. Und es gibt eine große Auswahl an Dienstwagen. Das sind Fahrzeuge, die von Mitarbeitern des Herstellers (ein)gefahren wurden. Nicht selten haben diese Fahrzeuge einen sehr niedrigen Kilometerstand. Für das Auge ist es neu, für das Portemonnaie bedeutet es Entlastung gegenüber dem Neukauf. Gebrauchte wie Dienstwagen haben im Audi Zentrum eines gemeinsam: Sie sind auf „Herz und Nieren" geprüft und per Urkunde garantiert.
Neben allen Formen der Finanzierung wird auch das komplette Versicherungspaket angeboten
Die dem Audi Zentrum Recklinghausen angeschlossene Aral Tankstelle ist 365 Tage im Jahr rund um die Uhr geöffnet. Neben der Annehmlichkeit des Tankens, kann der Wagen beispielsweise für eine Werkstattarbeit dort abgegeben oder abgeholt werden.

Eine weitere Selbstverständlichkeit des Audi Zentrums ist der Hol- und Bringservice, wenn das Fahrzeug einmal in die Werkstatt muß.
Ein Lager voller Originale ist im Audi Zentrum Recklinghausen keine Galerie, sondern das perfekt sortierte Ersatzteile-Lager. Hier denkt man beim Audi-Zentrum konservativ und nach dem alten Leitsatz: „Wer billig kauft, kauft doch teuer." ■

Das Autohaus verfügt über mehr als 5.000 Quadratmeter überdachte Ausstellungsfläche.

Die Ruhrfestspielstadt Recklinghausen

Ein besseres Marketing als eine Legende kann sich keine Stadt wünschen. Keine Werbeagentur kann ein sinnlicheres Spiegelbild für eine Stadt erfinden. Und wenn eine Stadt Glück hat, wächst ihr ein solches Markenzeichen ganz einfach zu. Ein Zufall ohne Folgen oder verpflichtende Offenbarung?

AMOYAL & BUFFO, Coproduktion Ruhrfestspiele Recklinghausen - Théâtre Vidy-Lausanne E.T.E., 5. Europäisches Festival 1995.

Hansgünther Heyme

Der Autor wurde 1935 in Bad Mergentheim geboren. Zunächst Studium der Architektur, dann Germanistik und Soziologie, Abschlußprüfung als Schauspieler. Regieassistent bei Erwin Piscator, Spielleiter Städtische Bühnen Heidelberg, Oberspielleiter Staatstheater Wiesbaden, Intendant des Schauspiels Köln, Schauspieldirektor Württembergisches Staatstheater Stuttgart, Schauspieldirektor in Essen, 1987 bis 1992 Professur an der Folkwang-Hochschule in Essen, 1992/1993 Generalintendant des Theaters Bremen, 1993/1994 Schauspieldirektor des Theaters Bremen.
Seit 1990 Festspielleiter der Ruhrfestspiele Recklinghausen GmbH.

Frankfurter Würstchen, Kölner Dom, Berliner Weiße – viele Dinge gehen zusammen mit der Stadt ihrer Herkunft eine Symbiose ein und werden so zum Begriff. Es gibt viele solcher Paarungen aus den unterschiedlichsten Bereichen: Wer dächte wohl bei Hamburg nicht an den Hafen, bei Wuppertal nicht an die Schwebebahn und das Tanztheater, bei Kassel nicht an die documenta. Zuweilen löst der Name einer Stadt sofort einen Anschlußbegriff aus wie bei der Stadt Gelsenkirchen mit ihrem Fußballverein Schalke 04, aber auch im negativen Sinne wie bei Solingen, Rostock.

Was prägt das Profil einer Stadt? Welche unverwechselbaren Assoziationen verbinden sich mit ihr? Es sind jene emotionalen Gleichungen, die den Mehrwert des bloßen Namens einer Stadt ausmachen, ihn im Guten wie im Schlechten

DAS WUNDER VON MAILAND, Inszenierung: Peter Zadek, 5. Europäisches Festival 1995.

beleben. Im günstigen Fall sind sie nicht an „Klassen"- oder Bildungsschranken gebunden, Jung und Alt, Frau und Mann, Arm und Reich kennen sie. Städte, die keine „positiven" Partnerbegriffe haben, haben es wesentlich schwerer, eine Eigenheit, einen Charakter zu entwickeln.

Es gibt allerdings wenige wirklich identitätsstiftende Dinge und Institutionen, die als wahrhafte Aushängeschilder das Bild einer Stadt oder einer Region prägen können. Vor allem sind es Kunst und Kultur, die hier als solche „Botschafter" fungieren. So wie Bayreuth, Salzburg, Edinburg oder Avignon durch die jeweiligen Festspiele charakterisiert sind, ist es Recklinghausen durch die Ruhrfestspiele.

Wieviel Geld auch immer von großen Konzernen in das kulturelle Angebot von Leverkusen, Wolfsburg oder Ludwigshafen investiert wird, nie wird dies die Effektivität der identitätsstiftenden Ruhrfestspiele für die Stadt Recklinghausen erreichen. Denn die Festspiele sind keine Kopfgeburt, kein verordneter Event. Sie sind tief verwurzelt im Bewußtsein und in den Herzen der Menschen, die in der Stadt leben. Sie sind verbunden mit den tiefsten Wurzeln der Region, wie dem Bergbau. Sie sind – wie die Stadt selbst – durch Höhen und Tiefen, durch Identitätskrisen mit neuen Perspektiven gegangen – die Ruhrfestspiele sind eben ein Stück lebendiges Recklinghausen.

Die inzwischen legendäre Geschichte dieses traditionsreichen Theaters schreibt sich so: Es grassierten Hunger und Not nach dem verheerenden Zweiten Weltkrieg 1946/47. Der Kampf um die Existenz, um die primitivsten Lebensbedürfnisse zerriß jegliche Gemeinschaft. In dieser schweren Zeit hatten Bergleute der Schachtanlage König Ludwig 4/5 in Recklinghausen-Suderwich den Mut zu sagen: „Der Mensch lebt nicht von Brot allein". Inmitten des materiellen Zerfalls stemmten sie sich auch gegen den geistigen und sittlichen, gegen den kulturellen Zerfall durch eine Tat – durch die Gründung der Ruhrfestspiele. Seitdem ist Recklinghausen die Festspielstadt – die Stadt der Ruhrfestspiele. Und die Ruhrfestspiele bringen seit dieser Zeit den Duft der großen, weiten Theaterwelt in diese Stadt, ins Revier.

HEINZ BENNENT in HYPERION, 8. Europäisches Festival 1998.

GESPENSTER von Henrik Ibsen, Inszenierung: Hansgünther Heyme, 8. Europäisches Festival 1998.

Von der Stunde Null bis heute, 53 Jahre nach dem Zweiten Weltkrieg, zwei Menschengenerationen später, ist der Satz „Kunst für Kohle" Legende, ist er Anfang einer neuen Zeitrechnung, ist er die Geburtsstunde der Ruhrfestspiele in der damals stark vom Bergbau geprägten Stadt Recklinghausen in der Region Ruhrgebiet. Denn in der Solidarität von Kunst und Arbeit wurzelt das kulturpolitische Unternehmen „Ruhrfestspiele Recklinghausen". Die Solidarität menschlichen Handelns, praktizierte Kollegialität, setzten das erste Zeichen. Die Handelnden: Hamburger Theaterleute, die im kalten zweiten Nachkriegswinter für die Aufrechterhaltung ihres Spielbetriebes dringend Kohle brauchten, und Recklinghäuser Bergleute, die sie trickreich und wagemutig trotz bedrohlicher Strafen organisierten – hinter dem Rücken der Besatzungsmacht, aus englischen Reparationsbeständen. Die Hamburger kommen wieder – zum „Dankgastspiel" mit dem „Thespiskarren". Aus diesem realen Tausch von Kohle und Kunst erwachsen die Ruhrfestspiele in der Trägerschaft des Deutschen Gewerkschaftsbundes und der Stadt Recklinghausen mit dem Partner Land NRW.

LA MORT SUBITE mit Ute Lemper, Choreographie: Maurice Béjart, 1. Europäisches Festival 1991.

Otto Burrmeister, erster künstlerischer Leiter der Ruhrfestspiele, machte Recklinghausen und damit das Revier in der hektischen Wiederaufbauphase zu einem Zentrum überregionaler Theaterkultur. Die ersten Schauspieler Deutschlands, genannt seien Maria Wimmer, Lotte Lenya, Hannes Messemer, Ruth Leuwerik, Elisabeth Flickenschild, Ernst Deutsch bis zu Bernhard Minetti sahen es als Ehre an, hier aufzutreten, und Regisseure wie Karl Pempelfort, Karl Heinz Stroux und Heinrich Koch haben durchaus stilprägend hier gearbeitet.

O-Ton eines Bergmanns aus der Zeit: „Früher gab es so eine Hemmschwelle. Welcher Arbeiter ging schon ins Theater? Man mußte danach angezogen sein. Und als die Ruhrfestspiele gegründet wurden, haben die in erster Linie dafür gesorgt, daß uns die Hemmschwelle genommen wurde, damit wir überhaupt mal ins Theater gingen. Die Zündschnur war ja eigentlich folgendes: Wenn wir unter dem Schachtgerüst von der Schicht kamen, da standen die Schauspieler und haben da so ganz kurz ein paar Stücke improvisiert. Das war die Hemmschwelle, die wegging, weil man so dreckig aus dem Pütt unterm Schachtgerüst Theater gesehen hat. Davon gibt es auch historische Bilder." (Zitat: „50 Jahre Ruhrfestspiele Recklinghausen", S. 581)

Die Ruhrfestspiele entwickelten sich in den fünf Jahrzehnten ihres Bestehens nach Höhen und Tiefen zum international geschätzten, beispielhaften soziokulturellen Werk der Bundesrepublik Deutschland und zum „Europäischen Festival" – heute gastieren und leben vor und während der Festspiele internationale Künstler in Recklinghausen auf Einladung der Ruhrfestspiele. Und sie alle bringen das Flair der Welt in die Festspielstadt im Revier.

LA MALADIE DE LA MORT, Inszenierung und Bühnenbild: Robert Wilson mit Michel Piccoli und Lucinda Childs, 6. Europäisches Festival 1996.

O-Ton eines Bergmanns heute: „Seitdem das 'Europäische Festival' hier ist, läuft wieder alles viel besser. Das kommt bei den Leuten gut an. Ich glaube, Festspielleiter Heyme hat es fertig gebracht, den Ursprungsgedanken der Ruhrfestspiele wieder zu beleben. Ich glaube, Heyme ist vielleicht vom Ursprung auch ein Kumpel, der es versteht, das alles wieder herumzudrehen, alles abzumildern. Heyme bringt es fertig, dem Kumpel hier in der Region alles wieder näherzubringen." (Zitat: „50 Jahre Ruhrfestspiele Recklinghausen" S. 588)

Seit die Ruhrfestspiele in ein „Europäisches Festival" umgewandelt wurden, sind sie es vor allem, die den Namen der Stadt zwischen Taschkent und New York, Craiova und London, Paris, Johannesburg und Bahia bekannt gemacht haben. Die zahlreichen in- und ausländischen Gruppen, die in Recklinghausen gastieren und durch sie angelockt die auswärtigen Festivalbesucher sind unschätzbare Multiplikatoren, die nicht nur die einmalige Geschichte des Festivals und seine Präsenz in der Gegenwart bekannt machen. Es ist auch das Image der gastgebenden Stadt, das daran teilhat. Der Einfluß dieser Eindrücke auf die Funktion Recklinghausens als Wirtschaftsstandort ist nicht zu unterschätzen. Dabei geht es nicht nur darum, daß die Hotellerie, die Gastronomie, der Einzelhandel und so weiter durch die Ruhrfestspiele und an deren Gästen und Mitwirkenden verdienen. Die ökonomische Attraktivität eines Standortes wird auch gemessen an seinem kulturellen Profil. Was hat eine Stadt im tiefsten Sinne zu „bieten", wie weltoffen, selbstbewußt und unverwechselbar präsentiert sie sich?

Ein fast schon alltägliches Bild in der heutigen Zeit einer Kultur-Dürre und sozialer Katastrophen: Schlangen vor den Abendkassen der Ruhrfestspiele. Und der Parkplatz signalisiert es: Die Besucher kommen aus allen Himmelsrichtungen. Hansgünther Heymes Postulat, daß es neben einem politischen Europa auch ein Europa der Kunst geben muß, wurde schon im ersten Jahr

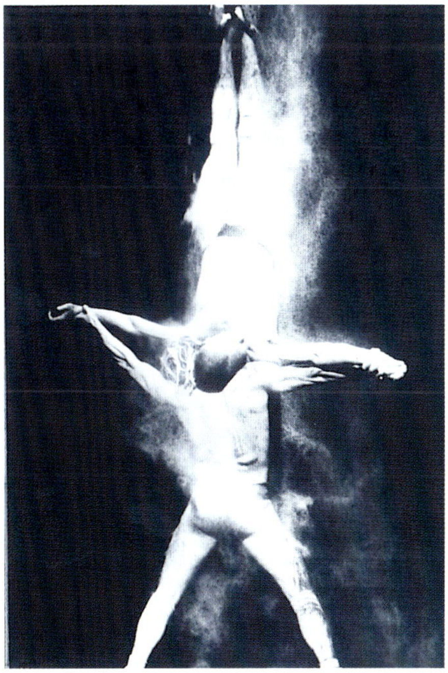

SUZ- O-SUZ, Gastspiel La Fura dels Baus, Barcelona, 5. Europäisches Festival 1995.

HENRY VI. – The Battle For The Throne von William Shakespeare, Gastspiel Royal Shakespeare Company.

mit Bravour realisiert, und zwar mit einem Spielplan, der das Publikum zu umarmen suchte. Die Menschen pilgern wieder nach Recklinghausen, um magisches, brillantes Theater und furiose Schöpfungen zu sehen von Choreographen und Theatermachern wie Maurice Béjart, Ariane Mnouchkine, Peter Brook, Robert Wilson, Mbongeni Ngema... Von Bühnen wie dem Théâtre Zingaro aus Paris, La Fura dels Baus aus Barcelona, Dance Theatre of Harlem, der Royal Shakespeare Company, dem Burgtheater Wien... Mit Schauspielern wie Michel Piccoli, Heinz und David Bennent, Yoshi Oida, Ute Lemper... Die Namen der in Recklinghausen gastierenden Theater und Schauspieler lesen sich wie eine Bestseller-Liste der internationalen Bühnen, die alle künstlerischen Formen benutzen: Neben dem Schauspiel gibt es also das Musical und neben dem Tanztheater das Ballett, das Pferdetheater, das Totaltheater, das Kabarett und alle vorstellbaren Genres. Und das Theater verfehlt seine Wirkung nicht.

Die Kunst und mit ihr auch Theater und Festivals sind Lebensnerven der Städte. Die Begegnungen mit Kunst und Kultur fördern die Entwicklung des Selbstbewußtseins. Es geht dabei nicht nur darum, spielerisch Wissen zu vermitteln, es geht auch um Phantasieentfaltung, innerliche Wahrnehmung, um die Chance, sich auf Gefühle einzulassen und Denkanstöße aufzunehmen. Ob Lust, Provokation, Mitgefühl, Angst oder Anregung (oder von allem etwas) – die Konfrontation mit Kunst und Theater ist für eine Stadt und ihre Bewohner und Gäste ein brandaktuelles Live-Erlebnis.

Bei der Notwendigkeit des Strukturwandels wegen des Abbaus bei Industriezweigen und dem damit verbundenen Verlust von Arbeitsplätzen ist es für eine Stadt, für eine Region bedeutsam, über ein qualitätsvolles kulturelles Angebot zu verfügen, spielt doch der Faktor Kunst und Kultur in Fragen der Neuansiedlung bei Firmen eine Rolle. Standorte mit einem ausgeprägten Kulturleben setzen ein Markenzeichen und haben eindeutig größere Chancen. Sie werden ernsthafter in Betracht gezogen als solche in kultureller Diaspora.

Marketing ist die Ausrichtung auf das absatzpolitische Ziel und auf die Verbesserung der Absatzmöglichkeiten eines Unternehmens „Stadt". Kluges Marketing nutzt ein bereits vorhandenes, einmaliges Image-"Geschenk". Denn „Image" ist mehr wert als ein rein monetär zu messender Wert. Imagenutzung hilft letztendlich auch beim Auffüllen leerer Kassen. Die Festspielstadt Recklinghausen verfügt über diese Möglichkeit – sie besitzt das sie prägende, legendäre Image „Ruhrfestspiele Recklinghausen". ■

Seit fast 100 Jahren im Dienste der Patienten

Das Elisabeth Krankenhaus Recklinghausen als wichtiger Wirtschaftsfaktor

Das Elisabeth Krankenhaus in der Röntgenstraße.

Seit Fast 100 Jahren genießt das Elisabeth Krankenhaus bei den Bürgern Recklinghausens großes Vertrauen. 1898 als erste Krankenhaus GmbH gegründet, versorgt es heute mit seinem modernsten Standard mehr als 10.000 stationäre Patienten.

Neben der allgemeinen Grundversorgung bietet das Krankenhaus eine Spezialversorgung in verschiedenen Abteilungen, die sich über Grenzen der Stadt hinaus eine hohe Anerkennung erworben haben.

Für Recklinghausen ist das Haus in doppelter Hinsicht ein wichtiger Wirtschaftsfaktor, es sorgt für die Wiederherstellung der Gesundheit bei schweren Erkrankungen und ist gleichzeitig ein bedeutender Arbeitgeber der Stadt.

Die Abteilung für Anästhesie befaßt sich neben der eigentlichen Narkosetätigkeit seit über 20 Jahren mit der Schmerztherapie und der zahnärztlichen Versorgung behinderter Menschen.

Die Chirurgische Abteilung befaßt sich neben der Allgemein- und Unfallchirurgie mit allen Verfahren gefäßchirurgischer Eingriffe, und ist unter anderem seit Jahren auf dem neuesten Stand der minimalinvasiven Operationstechnik. Von der WHO anerkannt, gewinnt auch die moderne Wundbehandlung an Bedeutung.

Im Jahre 1990 konnte der Altersentwicklung der Bevölkerung durch die Abteilung für Geriatrie mit dem Schwerpunkt Neurologie Rechnung getragen werden. Eine Schlaganfallintensiveinheit (Stroke Unit) bietet heute bei Schlaganfällen eine zeitgemäße Versorgung.

Neben der allgemeinen Internistischen Abteilung mit dem Schwerpunkt der Gastroenterologie konnte bereits im Jahre 1982 die Abteilung für Onkologie/Haematologie etabliert werden. Als Tumorzentrum für den Kreis Recklinghausen befaßt sich diese Abteilung mit der zielgerechten Behandlung von Tumoren und seit 1990 auch mit einer patientenorientierten Palliativversorgung.

Die breite Palette internistischer Spezialabteilungen wird durch die hauptamtliche Abteilung für Kardiologie abgerundet. In der Kardiologie werden alle diagnostischen Verfahren bis zur Herzkatheteruntersuchung durchgeführt. Ballondilatationen und Stentimplantationen runden das breite Spektrum der Kardiologie ab.

Von 1994 bis 1999 konnte die radiologische Abteilung auf den neuesten medizinisch-technischen Standard bildgebender Verfahren, einschließlich Computertomographie und Kernspintomographie, wie auch der digitalen Subtraktionsangiographie für periphere Eingriffe gebracht werden.

Die orthopädische Versorgung von arthoskopischen Eingriffen bis hin zur Kniegelenksprothetik, erfolgt durch ein belegärztliches Orthopädenteam.

Nicht zuletzt durch die HNO-Abteilung und vielseitige Kooperation mit niedergelassenen Fachärzten vervollständigt sich das Gesamtangebot medizinischer Leistungen.

Das Hospiz Zum Heiligen Franziskus, das Ambulante Reha-Zentrum *activum*, die Chinesische Medizin, die Kurz- und Tagespflege, wie auch das Betreute Wohnen runden heute das Gesamtbild des Krankenhauses als Gesundheitszentrum ab.

Ein hochmotiviertes Mitarbeiterteam gewährleistet auch in schwerer Krankheit ein hohes Maß an Zuwendung und Geborgenheit. ■

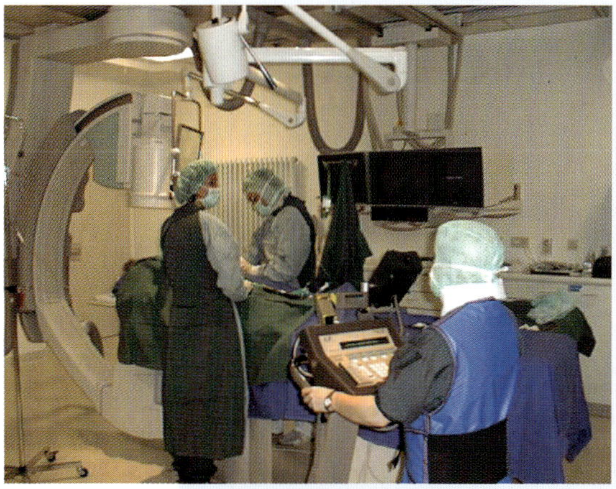

Während einer Operation (Linksherzkatheter).

Elisabeth Krankenhaus GmbH

Elisabeth Krankenhaus GmbH

Vorsitzender des Aufsichtsrates/Kuratoriums:
Pfarrer E. Busen

Geschäftsführer:
Dipl.-Betriebswirt Norbert Homann

Gründungsjahr der GmbH: 1898

Inbetriebnahme: 23.01.1903

Mitarbeiter: 550

Fachabteilungen:
Anästhesie und Schmerzklinik
Chefarzt Dr. Loos
Chirurgische Abteilung (Allgemein Gefäß- und Unfallchirurgie)
Chefarzt Prof. Dr. Seitz
Geriatrie (Schwerpunkt Neurologie)
Chefarzt Dr. Günnewig
Innere Medizin
Chefarzt Dr. Schulte
Kardiologie
Chefarzt Dr. Diplom-Physiker Sack
Onkologie/Hämatologie
Chefarzt Prof. Dr. Firusian
Radiologie
Chefarzt Dr. Stövesand

Belegabteilungen:
HNO
Dr. Doerr/Dr. Baier/Dr. Klietmann
Orthopädie
Dr. Ferkmann/Dr. Neuhaus

Anschrift:
Röntgenstraße 10
45661 Recklinghausen
Postfach 20 02 40
45632 Recklinghausen
Telefon (02361) 601-0
Telefax (02361) 601-125
E-mail ek@ekonline.de
Internet www.ekonline.de

Trabrennbahn Recklinghausen – beliebte Freizeitstätte in der Vest-Stadt

Grüne Lunge, Freizeitstätte, gesellschaftlicher Treffpunkt und sportliches Entertainment: das sind Schlagworte, mit denen man die Trabrennbahn in Recklinghausen kurz und prägnant umreißen kann. Seit über 70 Jahren ist die Rennbahn im Süden der Vest-Stadt nicht nur ein Anziehungspunkt für Pferdesportbegeisterte, sondern auch ein Ort, den Menschen sämtlicher Gesellschaftsschichten als ihren Freizeittreff Nummer eins ansehen.

Als im März 1921 ein Vorläufer des heutigen Trabrennvereins Recklinghausen gegründet wurde, konnte noch niemand auch nur erahnen, daß sich aus dem kleinen Vereins-Pflänzchen einmal ein regelrechtes Wirtschaftsunternehmen entwickeln würde, das in seiner Spitze über 50 Mio. DM Jahresumsatz schreibt, von denen übrigens 37 Mio. DM an die Wetter zurückflossen.

Trabrennverein Recklinghausen e. V.

Der kontinuierliche Aufstieg der Trabrennbahn Recklinghausen war natürlich über die Jahrzehnte mit erheblichen Investitionen verbunden. Der Bau der roten Aschenbahn auf dem 330.000 qm großen Betriebsgelände gehörte dabei 1933 ebenso zu den Grundsteinen wie die Ausgestaltung eines Stallgeländes im selben Jahrzehnt, oder die Installation einer Flutlichtanlage in den 50er Jahren, die auch Abendrennen ermöglicht.

Hermann Gallhoff

Der Autor wurde 1963 geboren und absolvierte eine Ausbildung zum Rennsportjournalisten bei der Fachzeitschrift „HEAT".
Seit 1997 ist er beim Trabrennverein Recklinghausen als Rennsekretär tätig.

Recklinghausen: die Heimatbahn des zweifachen Weltmeisters Heinz Wewering.

Der ständig steigende Publikumszuspruch, den die Trabrennbahn Recklinghausen erlebte, forderte schließlich die Errichtung neuer und zeitgemäßer Unterbringungsmöglichkeiten. So erfolgte 1977 der erste Spatenstich zu einem modernen Tribünenkomplex, der innerhalb von rund zwei Jahren fertiggestellt war. Die Trabrennbahn in Recklinghausen besitzt seitdem einen Tribünenbereich, der sich auf höchstem europäischem Standard bewegt. Insgesamt finden hier 6.000 Menschen in klimatisierten und gastronomisch hochwertig bewirtschafteten Räumen Platz. Auf 20 Mio. DM belaufen sich die Werte der Betriebsgebäude.

Auf dem jährlichen Rennkalender der Trabrennbahn Recklinghausen stehen derzeit 72 Veranstaltungstermine, die sich über die komplette Saison verteilen.

Der Freitag gilt auf der Trabrennbahn Hillerheide als Standardtermin, durch Veranstaltungen an diversen Sonn- und Feiertagen wird das Jahresprogramm ergänzt.

Das „Herzstück" einer Trabrennbahn sind natürlich die Pferde, die jährlich in rund 900 Leistungs-

Als grüne Lunge Recklinghausens, so zeigt sich die Trabrennbahn aus der Vogelperspektive an der Bundesstraße 51, umgeben von Siedlungen.

Trabrennen – Sport, Spannung und Wettvergnügen.

prüfungen ihre Kräfte messen und dem Publikum mit ihren Wettkämpfen spannende Unterhaltung bieten, wobei den richtigen Nervenkitzel natürlich das Wetten bringt. Innerhalb der vier verschiedenen Wettarten (Sieg, Platz, Zweier- und Dreierwette) kann das Publikum seine Vorhersagen für ein Rennen treffen und mit einem Grundeinsatz von 2,50 DM dabei sein.

Durchschnittlich 43.000 DM fließen pro Rennen durch die Totokassen, was einem renntäglichen Durchschnittsumsatz (bei 13 Rennen) von rund 560.000 DM entspricht.

Die Rennbahn beschäftigt 20 feste Mitarbeiter und ca. 300 Teilzeitkräfte, die an den Renntagen zum Einsatz kommen.

Die Trabrennbahn Recklinghausen beheimatet ca. 500 Pferde, die von 25 Ställen auf ihre Rennen vorbereitet werden. Nahezu 100 Mitarbeiter umfaßt das Stallpersonal, das unter der Anweisung fachkundiger Trabertrainer daran arbeitet, daß die Pferde topfit in die Rennen geschickt werden. Darüber hinaus bietet die Trabrennbahn auch zwei Hufschmiedebetrieben, einem Sulkybauer und einem Sattlerbetrieb eine umfangreiche Wirkungsstätte. Nicht zu vergessen die vielen Zulieferbetriebe, die von der Existenz der Trabrennbahn Recklinghausen partizipieren.

Innerhalb des sportlichen Jahresprogramms präsentiert die Rennbahn in Recklinghausen diverse sportliche Highlights. Absoluter Saisonhöhepunkt ist dabei das dritte September-Wochenende, an dem innerhalb einer neu geschaffenen Rennserie („Breeders Crown") Rennpreise und Züchterprämien von über 1 Mio. DM ausgeschüttet werden.

Zur Breeders Crown-Premiere 1998 verzeichnete man einen Rekordumsatz für einen einzelnen Renntag von über 1,1 Mio DM, ein Betrag, den man 1999 natürlich übertreffen möchte, wobei man jetzt bereits mit etlichen ortsansässigen und überregionalen Sponsoren in Verhandlung steht, um das Recklinghäuser Super-Event auch mit Unterstützung von „außen" zu einer rundum gelungenen Sache werden zu lassen.

Die Tatsache, daß die BILD-Zeitung, die im vergangenen Jahr bereits als einer der Hauptsponsoren der Breeders Crown-Veranstaltung auftrat, ihr Engagement in 1999 noch deutlich erweitern wird, spricht für die hohe Qualität des Recklinghäuser Saisonhöhepunktes.

Die Trabrennbahn Recklinghausen beheimatet aber nicht nur schnelle Rennpferde, sondern auch einen eingetragenen Golfclub. Im Innenraum der Trabrennbahn hat sich der „Golfclub Hillerheide" eine 9-Loch-Trainingsanlage angelegt, auf der die 100 Mitglieder außerhalb der Rennzeiten ihrem Hobby nachgehen.

Die Trabrennbahn Recklinghausen nimmt somit innerhalb der Region eine exponierte Stellung ein, denn als Freizeitanbieter, Arbeitgeber und natürlich Steuerzahler ist die Rennbahn für die Vest-Stadt ein immens wichtiger Standort geworden.

remex Recklinghausen
Gesellschaft für Baustoffaufbereitung mbH

Geschäftsführer:
Gisbert Feller
Gerd Mühlhause

Recycling-Baustoffe in hoher Qualität von remex

Gründungsjahr:
1981

Mitarbeiter:
35

Geschäftstätigkeit:
In der **remex** Unternehmensgruppe werden bundesweit 60 Aufbereitungsanlagen betrieben, davon:

39 Bauschuttrecyclinganlagen

10 Sortieranlagen für Baumischabfälle

4 kombinierte Bauschutt-/ Baumischabfallaufbereitungsanlagen

7 Aufbereitungs- und Sortieranlagen für andere Abfallarten (Gewerbestoffe, DSD, Holz, Müllverbrennungsaschen

Weiterhin bestehen Verfüllungsrechte an 10 Deponien bzw. Deponierungsmaßnahmen.

Im Containergeschäft ist **remex** derzeit mit zwei Beteiligungsgesellschaften aktiv.

1997 wurden 7,3 Mio t Abfälle aufbereitet, sortiert und entsorgt, davon:

5,2 Mio t Bauschuttaufbereitung
770 Tt Baumischabfall, Gewerbeabfälle und DSD-Sortierung
860 Tt Deponie/Rekultivierung/Bodenaufbereitung
130 Tt MV-Ascheaufbereitung
50 Tt Konditionierung von Restsioffen
40 Tt Altholzbehandlung

Anschrift:
Alte Grenzstraße 153
45663 Recklinghausen
Telefon (02361) 66 01-0
Telefax (02361) 66 01-10

Die **remex** Gesellschaft für Baustoffaufbereitung GmbH in Recklinghausen ist ein Unternehmen der **remex AG** mit Sitz in Duisburg.

Sie ist auf den Gebieten der Aufbereitung und Vermarktung von Baustoffen und industriellen Rückständen tätig. Ihre Projekte bestätigen die zielorientierte Ausrichtung auf Erschließung und Weiterentwicklung des Recycling-Marktes für Baustoffe.

Konsequent erschloß **remex** in den 80er Jahren – mit Schwerpunkt in Nordrhein-Westfalen und Baden-Württemberg – durch eigene Neugründungen und gezielte Beteiligungserwerbe den Baustoffmarkt für Recycling-Produkte.

Nach der technischen Beherrschung des Recyclings von Straßenaufbruch sah die Firmengruppe neue Herausforderungen in den Bereichen:

- Hochbauabbruch
- Graben- und Erdaushub
- Container-Baumischabfälle/Altholz
- Bergematerialien
- Müllverbrennungsaschen
- Sonstige industrielle Rückstände

Große Beachtung fand Anfang der 90er Jahre das Recycling der innerdeutschen Grenzanlagen unter kaufmännischer und technischer Federführung der **remex** Recklinghausen.

Seit Frühjahr 1991 sind in Berlin sowie am vormaligen Grenzverlauf unter Einsatz und Weiterentwicklung einer spezifizierten Recycling-Technik rd. 300.000 t Mauerelemente und Grenzbefestigungen zu Baustoffen aufbereitet worden.

Inzwischen sind Firmenname und Markenzeichen der **remex** zum Begriff für Leistungsfähigkeit und Qualität bei Aufbereitung und Wiederverwendung gebrauchter Baustoffe geworden.

Die **remex** und ihre Beteiligungsgesellschaften sind heute mit rund 60 stationären Aufbereitungsanlagen flächendeckend in der Bundesrepublik Deutschland tätig, seit April 1990 auch in den neuen Bundesländern. Inzwischen ist die **remex** dort im Schwerpunkt Leipzig mit fünf Betrieben vertreten, gefolgt von Berlin, Chemnitz, Dresden, Magdeburg, Rostock und Frankfurt/Oder. Weitere leistungsstarke Betriebe sind u.a. in Baden-Württemberg, Hessen, Nordrhein-Westfalen, Hamburg und im Großraum München entstanden.

Erste Schritte in das europäische Ausland wurden seit Mitte 1993 getan in Tschechien, Österreich, Belgien und Spanien. In weiteren Ländern Europas erfolgt eine sehr genaue Marktbeobachtung, um den richtigen Zeitpunkt für den Markteinstieg zu wählen.

Die Unternehmensgruppe **remex** ist mit vielfältigen Ressourcen und Synergien aktiv im Entsorgungs- und Verwertungsgeschäft tätig. Ihr vorrangiges Ziel ist, ihre eigenen Quellen aus dem Bau- und Baustoffgeschäft noch besser für die Kreislaufwirtschaft des Baustoff-Recycling-Marktes zu nutzen, zum Wohle ihrer Kunden und Geschäftspartner im Bauwesen.

remex versucht, ihr Betreiber- und Vermarktungs-Know-how in neuen Markträumen umzusetzen, auch in Kooperation mit örtlich ansässigen Unternehmen und dies gegebenenfalls unter Einschluß kommunaler Körperschaften.

Die Errichtung stationärer Aufbereitungsanlagen in Ballungsräumen mit einem hohen Aufkommen von Baurestmassen ist das mittelfristige Ziel der **remex**.

Unter Einsatz modernster Technik von z.B. Windsichtung, Sieb- und Klassiertechnik kann hier die Verarbeitung einer breiten Palette von Ausgangsstoffen rentabel durchgeführt werden. Darüber hinaus wird künftig in verstärktem Maße die Übernahme der kompletten Leistungen für die gesamte Palette der Baureststoffe und industriellen Nebenprodukte einschließlich Deponierung angeboten – und dies auch im Auftrage entsorgungspflichtiger Gebietskörperschaften.

Die Erzeugung von Baustoffen hoher Qualität unter sorgfältiger Einhaltung strenger Umweltstandards formt das Unternehmensleitbild **remex**.

Die Chemie muß stimmen

Rohstoffe von Ercros-Freihoff entscheiden über die Qualität ganz alltäglicher Produkte

Wenn die Wandfarbe nicht abblättert, der Klebstoff auch tatsächlich klebt und die Papierbeschichtung nicht bröckelt, sind spezielle chemische Mixturen im Spiel: Kunststoffdispersionen, wie sie von Ercros-Freihoff entwickelt und hergestellt werden.

Kunststoffdispersionen sind Grundstoffe, aus denen andere Produkte hergestellt werden. Zum Beispiel ganz normale Wandfarben ohne Lösemittel, wie sie in fast jeder Wohnung zu finden sind. Aber auch für Spezialanwendungen in der Auto- oder Papierindustrie wird auf die wasserbasierenden Bindemittel aus Recklinghausen zurückgegriffen. Als Lieferant und Dienstleister für namhafte Hersteller in ganz Europa ist das mittelständische Unternehmen bei der Entwicklung neuer Produkte von Anfang an dabei. Denn zwischen Rohstoff und Endprodukt muß „die Chemie stimmen“. In den Labors von Ercros-Freihoff werden neue Kunststoffdispersionen daher in enger Zusammenarbeit mit den Kunden entwickelt. Die Spezialisten des Unternehmens stimmen den Mix ihrer Substanzen auf die gewünschten Eigenschaften des Endprodukts ab. Qualität, Umweltverträglichkeit oder Beständigkeit sind beispielsweise Merkmale, für die hier mit aufwendigen Testverfahren der Grundstein gegelegt wird.

Die Mitarbeiter von Ercros-Freihoff sind deshalb gefragte Berater, die kundenspezifische Problemlösungen entwickeln und auch bei anwendungstechnischen Fragestellungen ihr Know-how weitergeben. Weltweit wissen immer mehr Unternehmen gerade diese Beratungskompetenz zu schätzen. Ercros-Freihoff ist zum Beispiel am Aufbau von Produktionsstandorten für Kunststoffdispersionen im Ausland beteiligt.

Dieser Dienstleistungsbereich wird in den kommenden Jahren stark expandieren, ebenso wie der Vertrieb von hochwertigen Produkten ins europäische Ausland.

Um die Innovationskraft von Ercros-Freihoff noch weiter zu stärken, hat das Unternehmen den internen Entwicklungsprozeß in den vergangenen Jahren dynamisiert. Zertifizierungen nach DIN ISO 9001 und DIN EN ISO 14001 sind nur erste Schritte, um die eigene Kompetenz permanent zu optimieren. Die Förderung fachlicher Fähigkeiten und die Weiterentwicklung eigenständiger Verantwortungsbereiche sollen die Flexibilität und Lernfähigkeit des Unternehmens auf den gestiegenen Wettbewerbsdruck des Marktes ausrichten. Damit dies nicht zu Lasten der Umwelt geht, hat das Unternehmen zudem ein System zur kontinuierlichen Verbesserung von Qualität, Umweltschutz und Arbeitssicherheit eingerichtet. Der Chemiestandort Recklinghausen wird so fit gemacht für die Herausforderungen des 21. Jahrhunderts. ■

Ercros Freihoff

Ercros-Freihoff

Geschäftsführung:
Dr. F. Acosta
P. Montag

Verkauf:
B. Wuttke

Technik:
A. Solich

Betrieb:
J. Meyer

Mitarbeiter:
40

Gründungsjahr:
1978

Produkte:
Kunststoffdispersionen auf der Basis von Styrolacrylat, Vinylacetat und Reinacrylaten

Anwendung:
Einsatz als Bindemittel in der Farben- und Lackindustrie, für Holzbeschichtungen, Papier und Klebstoffe

Anschrift:
Alte Grenzstraße 153
45663 Recklinghausen
Telefon (02361) 66 05-0
Telefax (02361) 63 588
Internet www.ercros-freihoff.de

Recklinghausen – auch international bekannter Anziehungspunkt für die Liebhaber von Ikonen

Viele Menschen, gerade auch im Ausland, assoziieren die Stadt Recklinghausen sofort mit dem Begriff „Ikonen“. Wie aber kam es zu dieser ungewöhnlichen Verbindung einer vom Bergbau geprägten Stadt mitten im Ruhrgebiet mit den Heiligenbildern der orthodoxen Kirche? Voraussetzungen dafür gab es in Recklinghausen tatsächlich keine: weder eine orthodoxe Gemeinde noch eine russische Kirche, wie sie z. B. in einigen, bei der russischen Aristokratie im 19. Jahrhundert beliebten mondänen Badeorten errichtet wurden. Recklinghausen war auch kein Zufluchtsort für russische Emigranten nach der Oktoberrevolution und besaß schon gar keine dynastischen Verbindungen mit dem Zarenhaus. Die Idee zur Gründung des inzwischen bedeutendsten Ikonen-Museums außerhalb der orthodoxen Ursprungsländer kam durch eine Ausstellung von hundert Ikonen aus westdeutschem Privatbesitz, die zu Beginn des Jahres 1955 in der Städtischen Kunsthalle gezeigt wurde. Damals waren die Kultbilder der Ostkirche nur wenigen Menschen bekannt, doch die Ausstellung faszinierte viele Besucher und vor allem Prof. Thomas Grochowiak, den damaligen Direktor der Recklinghäuser Kunsthalle und Organisator der Ausstellung. Als er hörte, daß die beiden bedeutendsten deutschen Ikonensammler, der Osteuropahistoriker Prof. Dr. Martin Winkler und der Augenarzt Dr. Heinrich Wendt, ihre Sammlungen verkaufen wollten, hatte er die Idee, in Recklinghausen ein Ikonen-Museum zu gründen. Vor allem seinem Durchsetzungsvermögen und Engagement ist es zu verdanken, daß er Rat und Verwaltung der Stadt für sein zukunftsweisendes Projekt gewinnen konnte. Schon anderthalb Jahre nach der Ausstellung, am 21. Juli 1956, konnte das Ikonen-Museum in einem 1795 errichteten Gebäude gegenüber der Propsteikirche St. Peter, mitten in der Altstadt von Recklinghausen, eröffnet werden.

Die insgesamt 73 Ikonen der Sammlungen Wendt und Winkler bildeten den sehr qualitätsvollen Grundstock für das neue Museum. Doch bis zur Eröffnung konnten durch zusätzliche Ankäufe und Schenkungen bereits weitere 150 Ikonen der Museumssammlung hinzugefügt werden. Weitere Einzelstücke und ganze Sammlungen kamen in den nächsten Jahren hinzu. 1957 konnten zehn Ikonen aus der Kollektion der New Yorker Kunsthistorikerin Dr. Fannina Halle erworben werden, die vorher dem Ikonenforscher Prof. Dmitrij Ajnalov (1862–1939) gehört hatten. 1962 kamen drei großformatige Ikonen aus dem Besitz von Baron von Herwarth in das Museum, die zu den absoluten Spitzenwerken der russischen Ikonenmalerei gehören: ein Jahreskalender auf zwei Tafeln, der alle Heiligen und Festtage des gesamten orthodoxen Kirchenjahres in genauer Datenfolge zeigt, und eine monumentale Ikone der Hadesfahrt Christi, beide aus dem 16. Jahrhundert.

Mit finanzieller Unterstützung des WDR gelang dann 1965 der Ankauf des 50 Ikonen umfassen-

Dr. Eva Haustein-Bartsch

Die Autorin wurde 1953 in Stuttgart geboren und studierte ab 1972 Kunstgeschichte (Schwerpunkt: byzantinische und osteuropäische Kunst) und süd- und ostslavische Philologie in Tübingen, Wien und Bonn. 1984 Promotion bei Prof. Dr. Horst Hallensleben in Bonn („Der Nemanjidenstammbaum. Studien zur mittelalterlichen serbischen Herrscherikonographie“). Seit April 1983 Kustodin des Ikonen-Museums Recklinghausen als Nachfolgerin von Heinz Skrobucha. Zahlreiche Publikationen, vorwiegend über Ikonen und das Ikonen-Museum Recklinghausen.

Öllampe in Gestalt einer Taube, Ägypten, 5.–7. Jahrhundert, Bronze.

den Nachlasses des russischen Kunsthändlers Alexander Popoff, der nach der Oktoberrevolution nach Paris emigriert war. Auch unter diesen Ikonen waren zahlreiche herausragende Stücke wie eine Petrusikone des späten 15. Jahrhunderts aus der Deesisreihe einer Ikonostase und eine großformatige Ikone der heiligen Konstantin und Helena mit Agathe.

Himmelfahrt des Elias, russisch, Ende 18./Anfang 19. Jahrhundert, Messing mit Email.

Bestanden die genannten Sammlungen, die in den ersten zehn Jahren des Museums erworben werden konnten, auch ausschließlich aus russischen Ikonen, so beschränkte sich die Sammeltätigkeit jedoch keineswegs nur auf Ikonen einer Provenienz. Dadurch unterscheidet sich das Ikonen-Museum Recklinghausen von fast allen anderen Museen ostkirchlicher Kunst, in denen entweder russische oder griechische Ikonen ausgestellt sind, während die Besucher in Recklinghausen einen Einblick in die ganze Bandbreite der Ikonenkunst erhalten können.

Vorwiegend in den sechziger Jahren wurden zahlreiche griechische Ikonen erworben. Unter ihnen sind einige wenige, die noch aus spätbyzantinischer Zeit stammen dürften wie die kleinformatige Ikone des Evangelisten Lukas als Maler der Ikone der Gottesmutter. Diese Darstellung ist die früheste erhaltene Wiedergabe dieser Legende auf einer Ikone. Zu den Spitzenwerken der Sammlung gehören mehrere Ikonen kretischer Provenienz, die im 15. und 16. Jahrhundert entstanden, z. B. eine Königstür mit der an dieser Stelle wahrscheinlich einmaligen Darstellung der Kommunion der Asketin Maria von Ägypten auf den Flügeln, eine sehr schöne „Verkündigung an Maria“ und eine doppelseitig bemalte Ikone in schmalem Querformat mit der Beweinung Christi auf der Vorder- und einer Deesis auf der Rückseite. Auf der ionischen Insel Zakynthos entstand die einzige signierte und datierte Ikone der Recklinghäuser Sammlung, ein thronender Christus Pantokrator, der 1653 von Elias Moskos geschaffen wurde.

Seit Ende der sechziger Jahre wurde die Sammlung außerdem um rumänische Hinterglasikonen erweitert. Die inzwischen 69 Werke umfassende Sammlung der im 18. und 19. Jahrhundert in leuchtenden Farben gemalten volkstümlichen Heiligenbilder aus Siebenbürgen ist die größte öffentliche Sammlung dieser Art in der Bundesrepublik.

Ebenfalls in den sechziger Jahren wurde die koptische Abteilung des Ikonen-Museums aufgebaut, die im 2. Obergeschoß zu sehen ist. Die spätantiken und frühchristlichen Exponate aus Ägypten dokumentieren den Übergang von der heidnischen Antike zum frühen Christentum. Die Sammlung besteht aus Mumienportraits, die zumindest von der Technik und dem Malstil her als Vorläufer für die Ikonen gelten können, aus Architekturfragmenten (Friese, Kapitelle und ein Tympanon), aber auch aus Grabstelen und aus Objekten aus Ton, Bronze und Glas. Von besonderer Bedeutung sind die koptischen Wirkereien (Tuniken, Decken und Besatzstücke), die als Grabbeigaben im trockenen Wüstensand Ägyptens, z. T. über anderthalb Jahrtausende, erstaunlich gut erhalten blieben.

Von 1988 bis 1990 wurde das Ikonen-Museum außen und innen grundlegend renoviert und neu gestaltet. Im Zentrum stand dabei nicht nur eine ästhetisch ansprechende Gestaltung der Ausstellungsräume, sondern auch die Berücksichtigung konservatorischer Belange für die empfindlichen Objekte und – soweit auf dem beschränkten Raum möglich – eine möglichst umfassende Information für die Besucher über die Bedeutung der Ikonen und ihren ursprünglichen, kultisch bestimmten

Gottesmutter der Passion, griechisch (Kreta), Ende 5. Jahrhundert, Eitempera auf Holz.

Funktionszusammenhang. Zur Einweihung des renovierten Museums konnten drei hevorragende und kostbare Werke erworben werden: die äußerst fein gemalte Darstellung einer Kirchenikonostase mit zehn Reihen von Einzelikonen aus der Zeit um 1800, eine über 1,80 m hohe Tafel mit der Darstellung des Marienhymnus „Über Dich freuet sich", die mit ihren barocken Einflüssen dem Geschmack der russischen Aristokratie in der Zeit um 1700 entspricht, und eine ebenso große Tafel, die das Jüngste Gericht mit dem Paradies und der Hölle in allen Einzelheiten wiedergibt und damit alle Besucher in ihren Bann zieht.

Bis vor kurzem war das Ikonen-Museum überwiegend darauf angewiesen, seinen Bestand durch Ankäufe zu vergrößern, die fast immer vom Land Nordrhein-Westfalen mit einem bedeutenden Zuschuß gefördert wurden. Nur relativ wenige Schenkungen waren zu verzeichnen. Doch parallel zur stetigen Verringerung der Ressourcen zum Erwerb weiterer Werke steigt offenbar die Bereitschaft von Privatsammlern, ihre über Jahrzehnte mit viel Liebe zusammengetragenen Schätze dem Museum zu vermachen. So konnte 1995 ein entsprechender Stiftungsvertrag mit einem Ehepaar abgeschlossen werden, der die Übergabe von 27 sehr hochwertigen Ikonen an das Ikonen-Museum nach ihrem Tode vorsieht. 1997 erhielt das Ikonen-Museum eine Kollektion von ca. 60 russischen Metallikonen und -kreuzen sowie von sechs auf Holz gemalten Ikonen als Schenkung von Dr. Manfred Schnell.

Außer den über 70 koptischen Werken besitzt das Ikonen-Museum Recklinghausen inzwischen mehr als 700 ostkirchliche Kunstwerke. Neben den Ikonen im engeren Sinne, nämlich den auf Holztafeln gemalten Bildern bzw. den in Bronze gegossenen Metallikonen, gehören dazu geschnitzte und gegossene Kreuze, liturgische Geräte, Miniaturmalereien, Goldstickereien, z. B. ein griechisches Bischofsgewand, sowie Schnitzereien aus Holz und Bein und Goldschmiedearbeiten. Diese Werke sind auf den beiden ersten Etagen in je zwei Räumen ausgestellt. Ungewöhnlich für ein Kunstmuseum ist die Präsentation nach thematischen Gesichtspunkten, der wir den Vorzug gegeben haben vor einer nach chronologischen oder regionalen Kriterien, um die Bedeutung der Ikonen als Kultbilder der orthodoxen Kirche gegenüber ihrer rein kunsthistorischen Zuordnung hervorzuheben.

So zeigt der erste Raum den Ort der Ikonen im liturgischen Zusammenhang anhand der Rolle der Ikonostase, der Bilderwand, im Kirchenraum. Den Blickfang bildet die aus einer Kirche oder Kapelle des Balkanraumes stammende, aus Nußbaumholz geschnitzte Ikonostase aus der Zeit um 1800. Der Aufbau russischer Ikonostasen wird durch eine Hausikonostase des 17. und eine faltbare Reiseikonostase des 19. Jahrhunderts verdeutlicht, während ein großes Kreuz mit dem gemalten Corpus des Gekreuzigten ehemals eine griechische Bilderwand krönte.

Der gegenüberliegende Raum ist den theologisch wichtigsten Themen gewidmet: den Bildnissen Christi und seiner Mutter, den Engeln, der Dreifaltigkeit und der Deesis, die Christus zwischen den fürbittenden Gestalten der Gottesmutter und Johannes dem Täufer zeigt. Zu den schönsten Ikonen in diesem Raum gehört die „Gottesmutter der Passion", die von einem der besten kretischen Maler des ausgehenden 15. Jahrhunderts, vielleicht von Andreas Ritsos, gemalt wurde.

Im 1. Obergeschoß ist an der Stirnwand des Treppenhauses eine Auswahl rumänischer Hinterglasikonen angebracht, die die Besucher durch ihre naive Darstellungsweise und ihre Farbenfreude anziehen. Im Raum auf der linken Seite sind Ikonen zu sehen, auf denen die Heiligen der orthodoxen Kirche erscheinen, allein, zu mehreren oder auch in szenischen Darstellungen, wie z. B. der Drachenkampf des heiligen Georg. Nicht alle Heiligen sind auch bei uns bekannt, manche werden nur von der orthodoxen Kirche insgesamt, andere ausschließlich in Rußland oder in Griechenland bzw. Serbien oder Bulgarien verehrt.

Zu den im Osten wie im Westen beliebtesten Heiligen gehört der hl. Nikolaus, von dem eine in der nordwestrussischen Handels- und Hansestadt Novgorod im späten 15. Jahrhundert entstandene Ikone erzählt. Um das zentrale Bild des Heiligen in seinen Bischofsgewändern sind Szenen aus seinem Leben und Wunderberichte angeordnet.

Hl. Nikolaus mit Szenen aus seinem Leben, nordrussisch, Ende 15. Jahrhundert, Eitempera auf Holz.

Die wichtigsten Kirchenfeste sind Thema der Ikonen im nächsten Raum. Eine „Geburt Christi" und die „Verklärung auf dem Berg Tabor", beides kretische Ikonen der 2. Hälfte des 16. Jahrhunderts, sind hier ebenso zu finden wie die älteste auf Holz gemalte Ikone im Ikonen-Museum Recklinghausen, das „Entschlafen der Gottesmutter", die in die 2. Hälfte des 13. oder den Anfang des 14. Jahrhunderts datiert werden kann. Nur sehr wenige Ikonen sind aus dieser frühen Zeit erhalten.

Die hohe künstlerische Qualität der Ikonen und der anderen Exponate in der Sammlung des Ikonen-Museums Recklinghausen machen es zum bedeutendsten Museum für ostkirchliche Kunst außerhalb der orthodoxen Länder und zu einem international bekannten Anziehungspunkt für alle Liebhaber von Ikonen, für Wissenschaftler und Kunstfreunde. Durch die von Heinz Skrobucha, der 25 Jahre lang Kustos des Ikonen-Museums war, und mir als seiner Nachfolgerin organisierten Ausstellungen und internationalen Tagungen, durch Vorträge und zahlreiche Publikationen wurde das Museum auch zu einem wichtigen Zentrum der Ikonenforschung und steht in enger Verbindung mit WissenschaftlerInnen und MuseumsmitarbeiterInnen im In- und Ausland. ■

Selbstbewußt aus Tradition – die liebens- und lebenswerte Stadt

Wo das klassische Ruhrgebiet aufhört, das südliche Münsterland beginnt, liegt Recklinghausen, eine 126.000-Einwohner-Großstadt mit ganz besonderem Flair: eine bezaubernde Altstadt, ein Kulturangebot von europäischem Rang, eine Lage als Brücke zum Münsterland.

Als 1869 die erste Steinkohlenzeche abgeteuft wurde und auf weiten Ackerflächen Fördertürme

Das Rathaus aus dem Jahre 1908.

statt Getreidehalme wuchsen, veränderte diese Stadt – wie alle Revierstädte – ihr Gesicht radikal.

Das Ackerbürgerstädtchen tat einen gewaltigen Schritt ins Industriezeitalter. Die Bevölkerung, bald durch Einwanderer aus dem Osten bereichert, stieg stürmisch an: von 1.800 (1800) auf 53.000 (1908) bis zur Großstadtproklamation 1949 (100.000).

Dennoch hat die rasch fortschreitende Industrialisierung die historisch gewachsenen Strukturen nicht völlig zerstört. Mittelalter und Moderne harmonisieren mit Bruchstein und Beton, mit Fachwerk und Fassadenschmuck. Was vor der Zerstörung durch Krieg und Unverstand gerettet wurde, wird heute durch Stadtbildpflege und Denkmalschutz liebevoll restauriert und erhalten. Der Rat der Stadt stellt nicht nur hübsche Einzelbauten, sondern auch alte Zechenkolonien und malerische Dorflagen unter Denkmalschutz, und davon hat Recklinghausen viele zu bieten.

Das älteste Bauwerk und Wahrzeichen der Stadt, die 700jährige Propsteikirche St. Peter, nach Bomben- und Bergschäden in den letzten Jahren sorgfältig restauriert, überragt den historischen Stadtkern, heute eine lebhafte Fußgängerzone, zum Bummeln und zum Einkaufen, wie ehedem. Die Kunstschätze der alten Propsteikirche reichen von der Gotik bis zum Barock.

Von dem mittelalterlichen Wallring, der die City fast kreisrund als breites Verkehrsband umschließt, blieb noch ein 200 Meter langer Stadtmauerrest mit zwei Türmen aus dem 14. Jahrhundert. Die einstigen fünf Stadttore leben in ihren alten Namen als Zugänge ins Herz der Einkaufsstadt fort.

Reinhold Hegemann

Der Autor ist Jahrgang 1945 und Pressereferent der Stadt Recklinghausen. Nach Abitur und Wehrdienst Studium von Germanistik, Kunst und Pädagogik in Münster. Nach dem Examen einige Jahre als Konzeptionstexter in einer Düsseldorfer Werbeagentur.
Danach Planung und Durchführung einer zweijährigen Betreuungsmaßnahme von VHS und Arbeitsamt für vietnamesische Boat-People.
Fachbereichsleiter für Freizeit und Kreativität sowie Jugendvolkshochschule der VHS Recklinghausen.
Spätere Tätigkeit im Amt für Öffentlichkeitsarbeit, dort zuletzt Amtsleiter und Pressereferent der Stadt Recklinghausen.

Repräsentative Behördenbauten markieren selbstbewußte Architektur und unterstreichen Recklinghausens Zentralität als Wirtschafts- und Kulturmittelpunkt der Region, des Vestes Recklinghausen, eines aus dem 14. Jahrhundert bezeugten Gogerichtsbezirks.

Architektonischen Kontrast bilden Rathaus und Kreishaus, jenes von 1908 in Deutscher Renaissance, das vierte seit 1256 in Recklinghausen, dieses ein attraktiver Klinkerbau von 1980. Den 1986 neugestalteten Rathausplatz ziert die Plastik „Bürger tragen ihre Stadt“ des Recklinghäuser Bildhauers Heinrich Brockmeier. Das ehemalige Kreishaus, das preußische Landratsamt von 1905,

Im Planetarium.

ist heute städtisches Kulturzentrum mit Kulturamt, Volkshochschule, Stadtbücherei, Musikschule und Auslands-Institut „Die Brücke“.
In den Stadtteilen, in dem zu einem Drittel bebauten Stadtgebiet, wechseln uralte, von stämmigen Eichen bewachte Bauernhöfe mit Bergarbeiterwohnungen und Fabrikanlagen. Und dazwischen das satte Grün der Stadtwälder und Äcker, der Wiesen und Weiden, auf denen schwarz- und rotbunte Kühe grasen.

Seine Stadtteile machen einen wesentlichen Reiz Recklinghausens aus, haben sie doch auch nach der Eingemeindung ihren ganz besonderen Charakter bewahrt. So ist das ehemalige Dörfchen Suderwich mit seinem kleinen Marktplatz und einer appetitlichen Gastronomie nicht nur im Sommer ein Treffpunkt des Reviers geworden. In Hochlarmark wird in der historischen Zechenkolonie „Dreieckssiedlung“ der Geist des Bergbaus deutlich, vor Hochlars Fachwerk- Bauernhöfen kräht der Hahn das Wetter aus.

Zurück nach Recklinghausens Zentrum. Vom Stadtgartenhügel, den das neue Ruhrfestspielhaus krönt, reicht der Blick über Innenstadt und Stadtteile, mit dem Spiegelfernrohr der Westfälischen Volkssternwarte gar ins Firmament. Über den Planetariumshimmel lassen sich auch ferne Galaxien, das Kreuz des Südens oder der Stern von Bethlehem bewundern.

Die Stadtväter, vom Zechensterben an der Ruhr tief getroffen, stellten schon früh die Weichen für alternative Perspektiven, siedelten, teilweise auf ehemaligen Zechenflächen, expandierende Betriebe an, schufen Gewerbeparks und bauten den Dienstleistungssektor aus, der heute 66 Prozent der Wirtschaftsstruktur ausmacht. „Ortloh“ und „König-Ludwig“ sind Trümpfe der Stadt im Ansiedlungspoker, die stechen.

So hat sich Recklinghausen als Hauptstadt des Kreises Recklinghausen, des mit 655.000 Einwohnern bevölkerungsreichsten Kreises der Bundesrepublik, und seiner Region mit Bundes- und Landesbehörden und überregionalen Verbänden seine zentrale, kulturelle und wirtschaftliche Bedeutung mit Hansetradition über Jahrhunder-te bewahrt. Nach Karl dem Großen, der hier um 800 einen Königshof als Stützpunkt für Troß und Truppen in seinen Sachsenkriegen schuf, machten die Kölner Erzbischöfe und Kurfürsten, seit 1150 Herren im Land, das kleine Recklinghausen, das seit 1017 bezeugt ist, zu einer befestigten Stadt. Seit 1236 sind die endgültigen Stadtrechte verbrieft. Die Originalurkunde liegt im Stadtarchiv, mit dem Vestischen Museum unter einem Dach.

Das Geistige hat in Recklinghausen vor allem in seinen Schulen und überörtlichen Bildungseinrichtungen des Bergbaues, Handwerks und Handels Tradition. Das Land Nordrhein-Westfalen wählte Recklinghausen zum Standort für seine Justiz-Akademie, zum Wintersemester 1995/96 eröffnete eine Fachhochschulabteilung ihre Pforten, deren repräsentativer Neubau gerade am

In der Dreieckssiedlung wird noch der Geist des Bergbaus deutlich.

August-Schmidt-Ring fertiggestellt ist. Circa 2.400 Studierende werden das Fachhochschulangebot Recklinghausens nutzen.

Eine weitere Stärkung der Zentralität Recklinghausens ist die Verlagerung der LÖBF nach Recklinghausen. Die „Landesanstalt für Ökologie, Bodenordnung und Forsten/Landesamt für Agrarordnung" setzt für ganz Nordrhein-Westfalen umweltpolitische Akzente.

Die Musen hatten schon im Mittelalter mit Fastnachts- und Mysterienspielen in Recklinghausen ihre Heimstatt.

In unserer Zeit erlebt das Recklinghäuser Kulturleben seinen Höhepunkt im Mai und Juni, wenn die Ruhrfestspiele Saison haben. Aus der Solidarität von Kumpeln und Künstlern 1947 entstanden, reicht die Vielfalt dieses international renommierten „Europäischen Festivals" von Theater und Ausstellungen bis zu Konzerten, Gesprächen und der Woche des Sports.

Einen gewaltigen künstlerischen Aufschwung haben die Ruhrfestspiele durch ihre Ausweitung zum „Europäischen Festival" gewonnen. Ob

Wohnzimmer aus den 50er Jahren im Vestischen Museum.

Royal Shakespeare Company, Maurice Bejart, Peter Brook oder Michel Piccoli – die Ruhrfestspiele/Europäisches Festival sind ein Magnet für ganz Europa geworden.

Die Neue Philharmonie Westfalen, die Gesellschaft der Musikfreunde und die Kammermusikvereinigung geben den Takt an im Recklinghäuser Musikleben, das weit über die Stadtgrenzen hinaus wirkt, mit einem Konzertprogramm, das seinesgleichen sucht.
Mit dem Ikonen-Museum, dem bedeutendsten in der westlichen Welt, hat sich die Stadt ein vielbewundertes Kleinod ostkirchlicher und koptischer Kunst geschaffen. (s. a. gesonderte Beiträge)
Das Vestische Museum bietet als erweitertes Heimatmuseum mit z.B. originaler Bergarbeiterwohnküche und Kohlestreb auch Einblicke in die Bergbauvergangenheit. Es birgt außerdem die größte Sammlung naiver Kunst der Region.
Einen großen Namen in Deutschlands Museumslandschaft hat die Kunsthalle, stilvoll untergebracht in einem ehemaligen Bunker am Hauptbahnhof. Die Themenausstellungen und Installationen zu den jeweiligen Ruhrfestspielen, der Kunstpreis „junger westen“, die konsequent gepflegte Sammlung von deutscher Nachkriegskunst strahlen weit über die Region hinaus.

Ernsten Themen widmet sich das Kirchenkreismuseum des Evangelischen Kirchenkreises. Hier finden sich auch Dokumente zur Rolle der Kirche im Dritten Reich.

Auch sportlich ist Recklinghausen auf der Höhe. Das Stadion Hohenhorst und die Trabrennbahn Hillerheide, die hellste und schnellste in Europa, mit dem Weltchampion Heinz Wewering, sind erste Adressen. Nicht mindere Aufmerksamkeit findet die Stadt als Landesleistungszentrum im Fechten, drei Freibäder bringen Abkühlung.
Und wer gut zu Fuß ist, kann auf 18 Kilometern markierter Wanderwege durch die hügelige Stadt marschieren. Er kann ebenso in den angrenzenden Naturpark Hohe Mark „ausfliegen“. Hier findet er neben dichten Wäldern den Halterner Stausee, prächtige westfälische Wasserburgen und stolze Bauernhöfe nach Münsterländer Art.

Ein renommierter Golfplatz in Recklinghausen und zwei in unmittelbarer Umgebung runden den großen Freizeitwert der Ruhrfestspielstadt ab.

In neuerer Zeit erweiterte sich die Palette der naheliegenden Freizeitattraktionen um so kräftige Farbtupfer wie das Musical „Starlight Express“ (Bochum) und Warner Brothers „Movie World“ (Bottrop-Kirchhellen).

So bietet sich Recklinghausen nicht als Solitär an, sondern als kräftig strahlender Stern im Kulturdiadem des Ruhrgebiets.

Es ist eben eine ganz besondere Stadt, dieses Recklinghausen. ■

Auf dem Golfplatz.

Meilensteine der Recklinghäuser Industriegeschichte

In der jüngeren Geschichte der Stadt Recklinghausen seit der Mitte des vorigen Jahrhunderts vollzog sich ein vollständiger wirtschaftlicher Wandel von einer Ackerbürgerstadt zu einer modernen Industriestadt aufgrund der zahlreichen Zechengründungen bis hin zur heutigen Bedeutung der Stadt als modernes Gewerbe-, Kultur- und Dienstleistungszentrum. Alle drei Stufen der wirtschaftlichen Entwicklungen hatten und haben grundlegende Auswirkungen auf die gesellschaftliche und kulturelle Entwicklung sowie die landsmannschaftliche Zusammensetzung der Bevölkerung.

An der Schwelle zum Industriezeitalter

Mit dem Untergang des alten deutschen Reiches und den damit verbundenen territorialen Veränderungen zu Beginn des 19. Jahrhunderts ging auch für Recklinghausen eine Epoche zu Ende, die Epoche der Landwirtschaft, des Kleinhandwerks und der handwerklichen Produktion. Das Vest Recklinghausen und mit ihm die Stadt Recklinghausen gingen nach dem Sturz Heinrichs des Löwen (1180) an den Erzbischof von Köln als Landesherrn. Nach kurzer Zeit arenbergischer (1803-1811) und bergischer Herrschaft (1811-1815) ging Recklinghausen in preußische Staatsangehörigkeit über. Die unter dem Freiherrn von Stein im Jahre 1808 eingeleitete kommunale Selbstverwaltung gab den rechtlichen Rahmen für eigenständige Entwicklungen.

Die Stadt Recklinghausen hatte von Anfang des 19. Jahrhunderts bis zum (relativ späten) Beginn der Industrialisierung um 1870 nahezu gleichbleibend um 5.000 Einwohner.

Beginn der Industrialisierung und Zechengeschichte

Bereits in den ersten Jahrzehnten des 19. Jahrhunderts existierten Manufakturen. Besonders

Klaus Bresser

Der Autor, seit 1985 Vorsitzender des Vorstandes der Stadtsparkasse Recklinghausen, ist nicht nur der modernen Bankbetriebswirtschaft zugetan, sondern hat auch vielfältige Hobbys. Er verbringt einen Teil seiner Freizeit mit den Interessensgebieten Technik und Geschichte. Als Vorsitzender des Vereins für Bergbau- und Industriegeschichte e.V., Recklinghausen, bemüht er sich mit Hilfe der Stadt Recklinghausen und des Landes Nordrhein-Westfalen um die Restaurierung einer alten Dampf-Fördermaschine und des Maschinenhauses einer stillgelegten Kohlezeche in Recklinghausen-Hochlarmark.

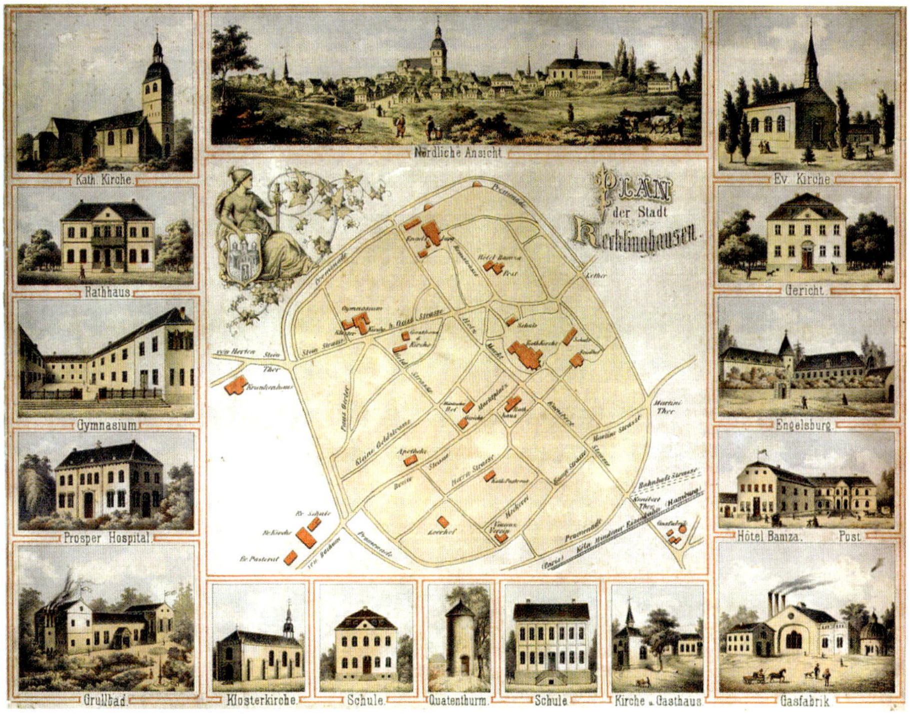

Recklinghausen um 1870.

zu nennen sind Maschinenspinnereien und Webereien wie Coppenrath & Co. und K. Hoffmann in der umgebauten Walkmühle (1834-1866), Wüllers Leinenfabrik (1862), die vorwiegend von Italienern betriebenen Zinngießereien (1810-1895), die Leinenweberei und Dochtfabrik Friedrich Limper (1864), die Eisengießerei A. Cremer und R. Barnscheidt (1847-1851), in der Recklinghausens erste Dampfmaschine aufgestellt wurde, das Gaswerk der „Actien- und Commanditgesellschaft A. Bagel zu Wesel“ am Kunibertitor, das die Stadt 1891 übernahm. Daneben gab es zahlreiche Ziegeleien, Brauereien, Brennereien und Druckbetriebe.

Technische Innovationen zum Ende des 18. Jahrhunderts, insbesondere die Erfindung und Weiterentwicklung der Dampfmaschine, bewirkten neue Verfahren in der Verkokung und Verhüttung, die Kohle und Eisen zu den wichtigsten Grundstoffen der industriellen Entwicklung machten. Bereits Mitte des 19. Jahrhunderts spürte Recklinghausen die industrielle Veränderung zunächst südlich der Ruhr (Ruhrzone), dann südlich der Emscher (Hellweg- und Emscherzone), wo die Kohlevorkommen aufgrund geringerer Tiefe leichter gefördert werden konnten. Mit fortschreitendem Kohleabbau drang der Bergbau immer mehr nach Norden vor und erreichte 1858 das Vest Recklinghausen mit den ersten Abteufarbeiten für die Zeche Nordstern.

In den Recklinghäuser „Gründerjahren" von 1870 bis 1873 gab es einen regelrechten Spekulationstaumel. Das Bohren nach dem „schwarzen Gold" und der Bau von Schächten bedingten hohe Investitionen, die nicht immer Erfolg brachten. Die Finanzierung stellte man deshalb auf eine breite Basis. Ähnlich einer Publikums-Aktiengesellschaft wurden „bergrechtliche Gewerkschaften" gegründet in der die „Gewerke" Kuxe zeichnen konnten. Hin und wider mußte auch zum eingezahlten Kapital begrenzte „Zubuße" geleistet werden, wenn das Geld nicht ausreichte.

Die erste Kohle in der Recklinghäuser Mark fand die Bohrgesellschaft Recklinghausen im Jahre 1855 in der Nähe der Hoffmannschen Fabrikanlage im Bruch in einer Teufe von 310 m.

Das Wochenblatt für den Kreis Recklinghausen berichtete am 17. November 1855:

Recklinghausen, 15. Nov. Heute früh kamen die Arbeiter der hiesigen Bohrgesellschaft in fröhlichem Aufzuge in die Stadt, um die Botschaft zu bringen, daß sie Kohlen angebohrt hätten. Die Nachricht verbreitete sich schnell und erregte nicht nur bei den Mitgliedern der Gesellschaft, sondern auch in der ganzen Stadt große Freude. Es sind die ersten Kohlen, die in dem Oberveste gefunden sind. Der Fundort ist an der Emscher, nicht weit von der Fabrikanlage des Herrn Hoffmann, ungefähr fünf Viertelstunden von hier. Die Tiefe, worin das Flöz angebohrt ist, wird auf 107 Lachter oder corca 750 Fuß angegeben. Dem Vernehmen nach wird die Gesellschaft ihre Bohrversuche mit erneutem Eifer fortsetzen.

Von Anfang an war der Bergbau in Recklinghausen mit Schwierigkeiten behaftet. So war auch die **„Societe` Anonyme Belgue de charbonnages de Herne-Bochum"** mit Sitz in Brüssel letztendlich wenig erfolgreich.

1869 wurde im Bruch direkt nördlich der Emscher im sogennaten „Kysack" ein Schacht niedergebracht, woraus die Zeche **„Clerget"**, im Volksmund „Klärchen" genannt, entstand.

Das Wochenblatt für den Kreis Recklinghausen schrieb am 3. Juli 1869:

Recklinghausen, 29. Juni. Gestern wurde im hiesigen Bruch auf dem dazu angekauften sogenannten Kysack der erste Spatenstich zu der neuen Kohlenzeche „Clerget" gethan und dieser Akt auf dem nahe liegenden Grullbad

Die älteste Zeche nördlich der Emscher (abgeteuft 1869) lag inmitten ausgedehnter Industriebauten, Kanal- und Hafenanlagen, Schienen- und Straßenzügen in Recklinghausen-Süd, rechts: Zeche Recklinghausen.

Zeche Recklinghausen I 1869 – 1876.

durch eine angemessene Feier eingeweiht. Möge das Werk für die Unternehmer recht günstigen Erfolg haben und unserer Stadt und Umgegend Glück und Segen bringen!

Die Freude währte nicht lange. Nach ihrem Konkurs ging Clerget 1889 in den Besitz der **Harpener Bergbau-Aktiengesellschaft** Dortmund über und wurde unter deutschem Namen weitergeführt. Der dritte Schacht Clerget erhielt den Namen Recklinghausen I. Förderbeginn war 1882. 1884 folgten Recklinghausen II in Hochlarmark sowie Grullbad.

Bereits 1913 gab es bestimmte Zusammenlegungen von Recklinghausen II und der Zeche Julia in Herne. Nach dem Bau des Rhein-Herne-Kanals (Betriebseröffnung am 14. 11. 1914) hatte Julia über eine Seilbahn Verbindung zum Kanalhafen Recklinghausen I. Als zwischen 1955 und 1960 der Absatz von Steinkohlen schwieriger wurde, wurden die Schachtanlagen Julia und Recklinghausen vereinigt. Der Zentralförderschacht 4 („Konrad Ende") konnte

Zeche Recklinghausen II im Jahre 1926.

Gelände der ehemaligen Zeche Recklinghausen II heute (Foto von 1991). Maschinenhalle und Förderturm werden vom Förderverein für Bergbau- und Industriegeschichte erhalten.

am 1. 6. 1964 in Betrieb genommen werden. Beim Beginn der Teufarbeiten im Jahre 1961 hieß es, hier gebe es „Arbeit für Jahrzehnte". Bereits 1988, also nur 24 Jahre später, wurde die Förderung eingestellt.

Der 1989 gegründete Förderverein für Bergbau- und Industriegeschichte, eine Initiative Hochlarmarker Bürger, kaufte 1989 die Maschinenhalle mit 2 Dampf-Fördermaschinen und den Förderturm, das Wahrzeichen der 1903 fertiggestellten „Dreieckskolonie", von der Montan-Grundstücksgesellschaft, einer Tochter der Ruhrkohle AG Essen. Beides soll als Industriedenkmal erhalten bleiben. Die Halle soll nach Restaurierung und Umbauten bis zum Jahre 2000 zugleich Vereins-, Kommunikations- und Veranstaltungszentrum sein. Das Gelände von Recklinghausen II ist als Erholungs-, Freizeit- und Sportzentrum vorgesehen.

Die **Zechengewerkschaft König-Ludwig** ist aus dem Steinkohlenbergwerk „Vereinigte Henriettenglück" hervorgegangen, das zwischen 1856 und 1867 erbohrt wurde. Der Name „König-Ludwig" wurde als Huldigung an den Bayern-König Ludwig II gewählt, damit entfiel der vorherige Name „Henriettenglück". Ludwig II hatte den Kaiser zur Annahme der Krone des neugeeinten deutschen Reiches bewogen; das sollte auch in Recklinghausen gewürdigt werden. 1873/74 wurde von der Gewerkschaft König-Ludwig das Grubenfeld König-Ludwig II erbohrt und 1876 mit dem bisherigen Grubenbesitz verbunden. 1889 verfügte König-Ludwig über eine Kokerei, die aus 120 Coppee-Öfen üblicher Größe bestand und täglich 370 t Koks lieferte. Die Nebenproduktenkokerei bestand aus 60 Koksöfen mit Gasfeuerung. Sie konnten 300 t Koks pro Tag produzieren. Die Schachtanlage König-Ludwig 4/5 Röllinghausen/Suderwich, die „Gründerzeche" der Ruhrfestspiele Recklinghausen, förderte erstmals im Jahre 1902. 1906 erhielt diese Schachtanlage auch eine Kokerei.

Als 1928/29 die Weltwirtschaftskrise ausbrach, und der Kohleabsatz zurückging, mußten Maßnahmen zur Abwendung von Zechenstillegungen ergriffen werden. Nach Bildung einer Verkaufsvereinigung mit der **Gewerkschaft Ewald Herten** kam es 1935 zu einer Fusion beider Gesellschaften. Der Name Ewald geht auf den Ersten Vorsitzenden des ersten Grubenvorstandes Ewald Hilger zurück, der auch Namensträger für den ersten Schacht in Herten (1872) war („Schacht Hilger"). Ewald Hilger war neben Friedrich Grillo, Friedrich Funke und August Thyssen Grubenvorstand.

Den Namen des Generals der Infanterie Leonhard von Blumenthal trägt heute noch das Recklinghäuser **Bergwerk Blumenthal/Haard**, das mit anderen 50 Zechen 1968 in die Ruhrkohle AG Essen aufging. Blumenthal wurde 1873 abgeteuft und beging 1998 das 125jährige Bestehen. Leonhard von Blumenthal war 1866 Kommandeur der 14. rheinisch-westfälischen Division in Düsseldorf und erteilte 1873 aus Palermo seine Zustimmung zur Namensgebung.

1967 wurde die unterirdische Verbindung nach Wanne hergestellt, wo die Kohle bis heute ans Tageslicht kommt. Auch die neuen Haard-Schächte transportieren ihre Kohle unterirdisch und vollautomatisch bis Wanne.

Bei Beginn der Arbeiten für die aus Naturschutzgründen nicht unumstrittenen Haard-Schächte hieß es im Jahre 1977:

„Unter einem Deckgebirge von 800 m lagern 560 Millionen Tonnen hochwertiger Kohle. Diese Vorräte geben uns die Möglichkeit, Abbaubetriebe aus den bisherigen weitgehend ausgekohlten Baufeldern der Schachtanlagen Ewald und General Blumenthal schrittweise in neue Abbaubereiche zu verlagern und damit ein langfristig gesichertes Produktionspotential für vier bis fünf Millionen Tonnen Kokskohlen jährlich bereitzustellen. Um dieses Ziel zu erreichen, werden wir noch drei weitere Schächte abteufen, mehr als 100 km Querschläge und Richtstrecken auffahren und zwei der neuen Schächte mit Einrichtungen für Seilfahrt und Materialtransport ausrüsten müssen. Diese Vorleistungen werden Aufwendungen in Höhe von rund einer Milliarde DM erfordern."

Nicht nur der Optimismus, auch die anfänglichen Ziele mußten korrigiert werden. Das internationale Preisgefüge für die Kohle macht dem deutschen Steinkohlenbergbau, der über die weltbeste Technologie verfügt, schwer zu schaffen und gefährdet damit Tausende von heimischen Arbeitsplätzen. Im Oktober 1998 kostete eine Tonne Kraftwerkskohle nur noch 66,04 DM.

Die beabsichtigte Schließung der Zeche Ewald/Hugo in Herten und Gelsenkirchen (noch 1997 zusammengelegt) am 30.4. 2000 wird auch auf Recklinghäuser Gebiet Auswirkungen zeigen. Allein über 500 Recklinghäuser haben in Herten noch ihren Arbeitsplatz. Blumenthal als größter Arbeitgeber Recklinghausens beschäftigt 4000 Arbeitnehmer. Die Zeche Hugo wird nach den heutigen Planungen der Nachwelt als Anschauungsbergwerk erhalten bleiben.

Sonstige Industrie und Gewerbe

Neben zahlreichen Handwerksbetrieben sowie eisen- und stahlbe- und -verarbeitenden mittelständischen Unternehmen profitierte die gesamte heimische Wirtschaft von der Kohleförderung. Die größten Unternehmen, die mit der Kohleproduktion, der Kohleaufbereitung und ihrer Verhüttung arbeiteten, waren die Firmen Carl Still (1898), das Eisenwerk Stolle

Bischoff-Werke Recklinghausen-Süd, Hellbachstraße, Foto von 1959.

(1900), die Bischoff-Werke (1908), die Becorit Grubenausbau GmbH, vorm. Becorit-Gesellschaft Wilhelm Beckmann und Co. (1926) und die Firma Hugo Ibing (1919).

Als besondere staatseigene Produktionsstätte ist das Eisenbahn-Ausbesserungswerk in Recklinghausen-Ost (1909) zu nennen.

Die Firma **Carl Still** beschäftigte sich zunächst mit der Gewinnung von Kohlewertstoffen, besonders von Benzol. Bereits 1901 begann das Unternehmen mit dem Bau von Teerdestillationen, Rohgas-Kondensationsanlagen und Ammoniakfabriken sowie 1906 mit der Errichtung von kompletten Koksofenanlagen. Wissenschaftliche Grundlagen, die seinerzeit fehlten, wurden entwickelt. Neben der Benzin-Synthese und -Hydrierung befaßte sich die Firma seit 1930 auch mit Projekten für die Erdöl-, Erdgas- und chemische Industrie. Die Firma Still beschäftigte 1980 noch 1.000 Mitarbeiter.

Das **Eisenwerk Stolle** an der Herner Straße (heute Gelände des Einkaufszentrums Toom-Jumbo-Markt) bestand seit 1900. Produziert wurden Graugußteile aller Art für Zechen, Hütten- und Eisenindustrie sowie Kanalguß und Kandelaber, als Spezialität die Herstellung von Drehrostgeneratoren für Gaserzeugung. Mitte der 60er Jahre wurde das Werk stillgelegt und abgerissen.

Die **Bischoff-Werke,** 1899 als Pfingstmann-Werke in Gelsenkirchen-Ückendorf gegründet, nahmen 1908 ihren Betrieb am Bahnhof Recklinghausen-Süd auf dem Gelände der ehemaligen Fabrik Hartung & Kuhn Cie. A.G. auf. Das Produktionsprogramm umfaßte Schüttelrutschen, Förderwagen, Abteufkübel, Schachtringe, Transportbänder und Eisenkonstruktionen unterschiedlicher Art. 1924 wurde die Eisengießerei Köhne & Ricke A.G. in Lüdinghausen hinzuerworben. 1930 gingen die Werke in den Besitz von Ernst Bischoff. Beide Betriebe arbeiten bis heute erfolgreich. Eigentümer ist die Familie Underberg über die Fa. WEGUSTA in Düsseldorf.

Die **Becorit Grubenausbau GmbH** Recklinghausen (gegr. 1942), 1977 fusioniert mit der Klöckner-Ferromatik GmbH, zählte einst zu den bedeutendsten Bergbauausrüstern des europäischen Kontinents. Ihre Produkte, vollautomatische Grubenstempel, Einschienenhängebahnen und Liegendbahnen wurden weltweit nachgefragt. Die Ursprungsfirma **Becorit-Gesellschaft Wilhelm Beckmann & Co.** G.m.b.H. (gegr. 1926)

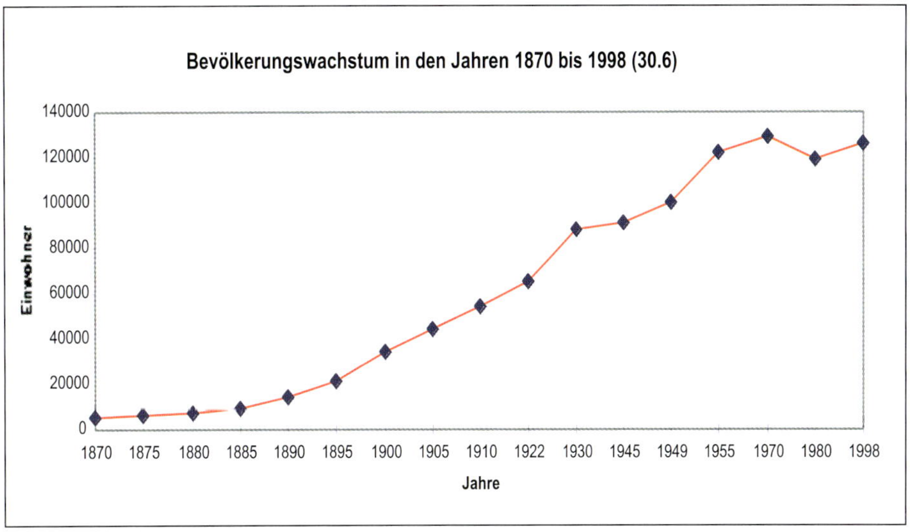

beschäftigte sich mit der Herstellung von Reib- und Bremsbelägen für Eisenbahnen. Der ursprüngliche Produktionssektor Eisenbahn-Bremsbeläge wurde 1942 von der Grubenausbaufirma getrennt und 1998 von den Privatgesellschaftern verkauft. Die Firma arbeitet bis heute dank neuer Produktideen mit Erfolg und vertreibt ihre Produkte weltweit.

Hugo Ibing (1885 – 1938) baute seit 1919 Wasserkühler, Benzolwaschkühler und Destillierkolonnen. Später wurden vor allem im Ausland

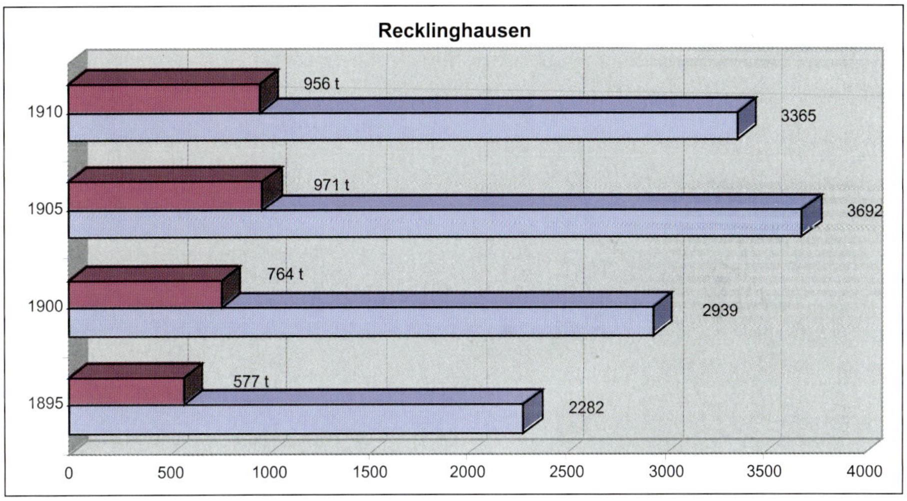

rot: Förderung in Tonnen *blau: Belegschaft*

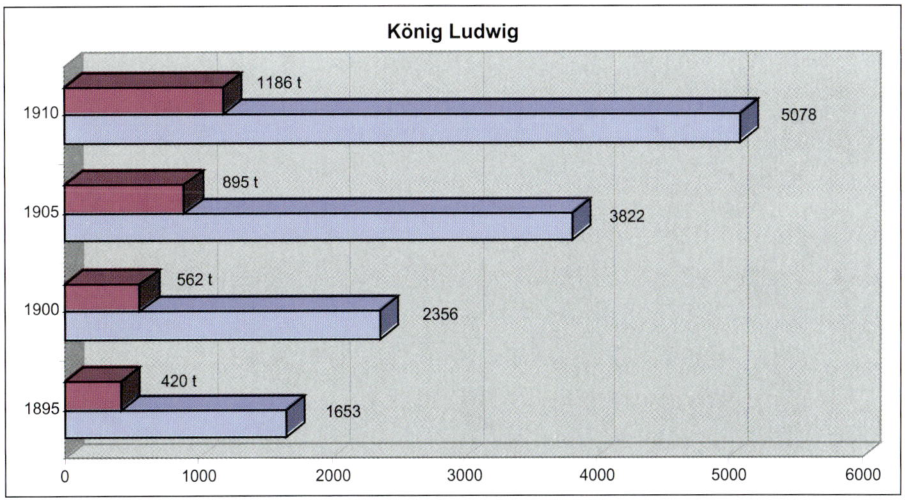

rot: Förderung in Tonnen *blau: Belegschaft*

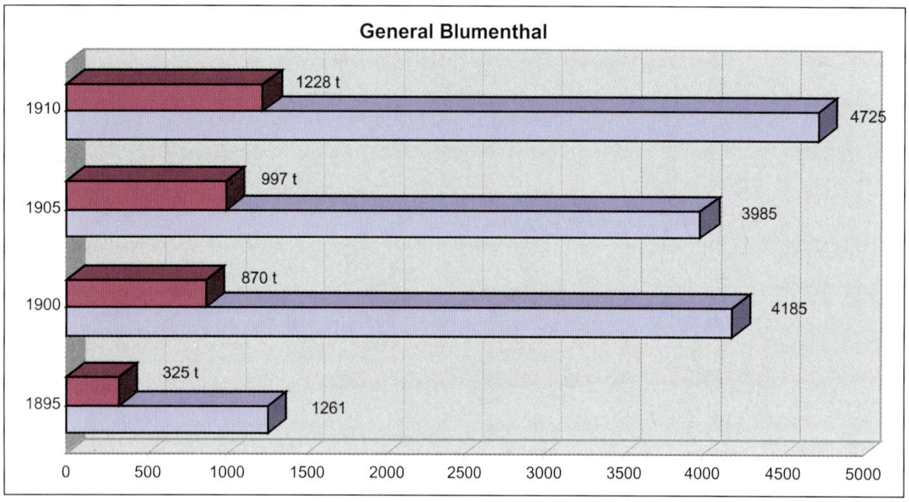

rot: Förderung in Tonnen *blau: Belegschaft*

Kohlenwertstoff-, Erdölverarbeitungs- und Transportanlagen gebaut. 1952 wurden Röhrenöfen zum Abtreiben von Waschöl entwickelt.

Die Planungen zur Errichtung eines **Eisenbahn-Ausbesserungswerkes** gehen auf das Jahr 1906 zurück. Bei der Standortwahl waren für die Reichsbahn die Verlagerung des Bergbaus von der Ruhr nach Norden und die neue Eisenbahnstrecke Hamm-Osterfeld maßgebend. Während des Ersten Weltkrieges waren 700 Arbeiter beschäftigt. Ab 1924 wurden Großraumwagen gebaut, die durch Boden- und Seitenklappen entleert werden konnten.

Durch die Verlegung eines Betriebes von Dortmund nach Recklinghausen stieg die Zahl der Beschäftigten nach 1930 um 500 auf 1.200. In Werksnähe wurden zahlreiche Wohnungen gebaut. Die Zahl der Beschäftigten erreichte mit 2.500 während des Zweiten Weltkrieges ihren Höchststand. Anfang 1959 waren es noch 1.400 Beschäftigte. Das Werk hatte sich zwischenzeitlich auf die Reparatur offener Güterwagen spezialisiert. 1960 wurde das Werk geschlossen. Erhebliche Bergsenkungen in der großen Richthalle wurden als Schließungsgrund genannt.

Die Bevölkerungsentwicklung

Im Bevölkerungswachstum der Industriegemeinden Recklinghausen, Oer-Erkenschwick und Marl-Hüls wirkte sich das „Gesetz vom doppelten Stellenwert" eines kohleindustriellen Arbeitsplatzes aus. Es besagt, daß ein weiterer Arbeitsplatz im Bergbauzulieferer- oder im sonstigen Dienstleistungsbereich mitentsteht. Leider wirkt sich dieses „Gesetz" im zu Ende gehenden 20. Jahrhundert auch umgekehrt aus.

Recklinghausens erster Bahnhof am Tage der Eröffnung am 1. Januar 1870.

In den Folgejahren reduzierte sich das Wachstumstempo, da der Bau neuer Schachtanlagen zunächst weitgehend abgeschlossen war. Während in den ersten Jahren der Industrialisierung die Arbeiter aus dem Umland hinzukamen, so war man nun gezwungen, den Arbeitskräftebedarf in ferneren Regionen zu mobilisieren. In erster Linie wurden Arbeiter aus den preußischen Ostprovinzen und aus Westpolen angeworben. Für die Recklinghäuser Bevölkerung brachte der „Zuzug aus dem Osten" eine völlige Umschichtung. Die Volkszählungsergebnisse von 1910 ergaben für Recklinghausen, daß von den 53.701 Einwohnern rund 23 Prozent polnisch sprachen (siehe Tabelle Belegschaften und Förderleistung der hiesigen Zechen).

Die Verkehrswege

Noch um die Mitte des 19. Jahrhunderts lag Recklinghausen abseits wirtschaftlicher Verkehrswege. Erst mit der Fertigstellung der „Kunst"-Straße „Bochum-Herne-Recklinghausen" (heutige B 51) im Jahre 1842 wurde der Anschluß an die wichtige Hellweglinie, der wichtigsten west-östlichen Verkehrsachse des neuen Reviers, erreicht.

1870 wurde der Eisenbahnanschluß mit Eröffnung der Strecke Wanne-Recklinghausen-Haltern in Betrieb genommen. Zur gleichen Zeit entstand ein schmucker Recklinghäuser Hauptbahnhof. Erst 1905 wurde die Strecke um die Bahnlinie Hamm-Recklinghausen-Oberhausen-Osterfeld erweitert.

Die Zechen erweiterten das Schienennetz durch den Bau von Anschlußbahnen

1991 hielt in Recklinghausen erstmals der Intercity. Heute halten täglich im 2-Stunden-Takt 12 Intercity-Züge (6mal auf dem Hin- und 6mal auf dem Rückweg) auf den Wegstrecken Münster-Innsbruck, Münster-Stuttgart und Münster-München.

Besonders wichtig, da für den Kohletransport kostengünstig, war der Bau künstlicher Wasserstraßen. Bereits 1898 verfügte die Zeche König-Ludwig über einen eigenen Hafenanschluß an den Dortmund-Ems-Kanal und damit über eine Verbindung zu Nordsee und Ostsee. 1914 war der Rhein-Herne-Kanal fertiggestellt und brachte den Wasserweg zum Rhein.

Bereits 1894 gab es eine Straßenbahn Bochum-Herne. 1896 wurde die Strecke bis zum Recklinghäuser Viehtor und 1905 bis zum Hauptbahnhof verlängert. 1914 folgte die Straßenbahnlinie nach Röllinghausen, später nach Herten, nach Recklinghausen-Hochlarmark über Stuckenbusch und nach Suder- wich. Die Straßenbahnlinien wurden (leider) wegen Unwirtschaftlichkeit des Schienennetzes 1981 eingestellt.

Die Autobahn A2 Hannover-Oberhausen war bereits seit 1926 als Ost-West-Achse für die Autobahn „HaFraBa" (Hamburg-Frankfurt-Basel) geplant. 1933 wurde die Planung konkretisiert. Das Teilstück Oberhausen-Recklinghausen war im Dezember 1937 in Recklinghausen fertiggestellt. Damit verfügte Recklinghausen über den für die Neuzeit wichtigsten Verkehrsanschluß. Im Dezember 1966 wurde das erste Teilstück der A 43 von der Friedrich Ebert-Straße bis Bochum in Betrieb genommen, 1979 war diese Bahn komplett fertiggestellt.
Recklinghausen liegt damit im Schnittpunkt zweier wichtiger Autobahnen, was für die wirtschaftliche Entwicklung von besonderem Vorteil war und ist. Die jüngste Anschlußstelle der A 2 in Recklinghausen-Suderwich/Röllinghausen komplettierte 1998 die Autobahnzu- und -abfahrten. Das neue Gewerbegebiet Ortloh bekommt dadurch hohen Stellenwert.

Der Flugplatz Loemühle entstand 1957 auf Initiative eines Polsumer Motorfliegerclubs als Graspiste. 1968 wurde die Flugplatz Marl-Loemühle GmbH mit den Gesellschaftern Motorfliegerclub, Städte Recklinghausen und Marl gegründet. 1969 kam der Kreis Recklinghausen hinzu; der Motorfliegerclub stieg aus. Die heutige Start- und Landebahn wurde 1970

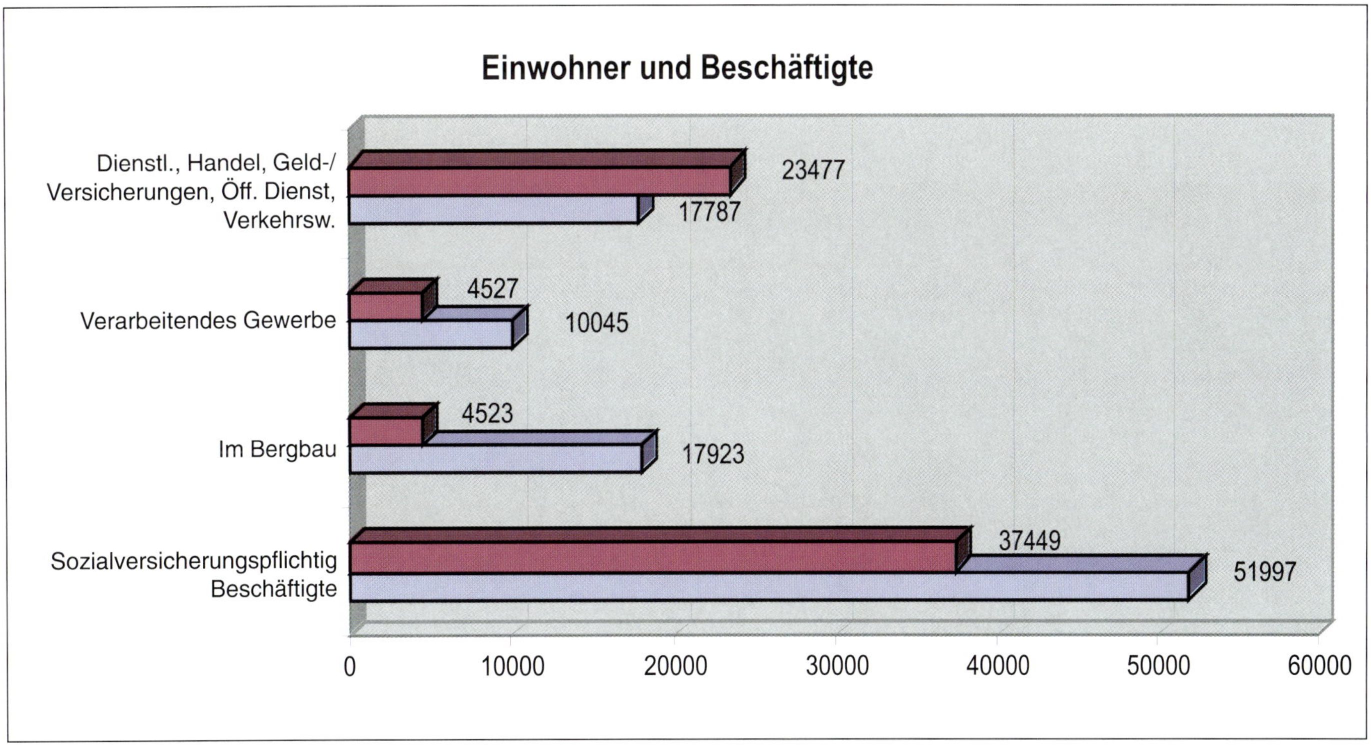

rot: 1957 insgesamt 126.639 Einwohner, davon ... *blau: 1998 insgesamt 125.324 Einwohner, davon ...*

in Betrieb genommen und ist 830 m lang. Zur Zeit sind 110 Flugzeuge auf dem Platz stationiert. 55 % aller Flüge sind gewerblicher Art. Für den gewerblichen Verkehr verlangt die EU-Norm eine Verlängerung der Bahn auf 1.600 m. Eine Verlängerung auf 1.300 bis 1.400 m wird zur Zeit geprüft.
Entwicklungen in Dortmund und anderen Städten zeigen, daß regionale Landebahnen stark nachgefragt sind und ein bedeutendes Arbeitsplatzpotential unmittelbar und mittelbar bieten.

Der Wirtschaftsstandort Recklinghausen am Ende des 20. Jahrhunderts

Recklinghausen hat insbesondere in den vergangenen 3 Jahrzehnten seinen Charakter als Industriestadt verloren. Waren 1957 auf drei Recklinghäuser Schachtanlagen noch rd. 18.000 Arbeiter und Angestellte beschäftigt, so sind es heute noch rd. 4.000 auf einer Verbund-Schachtanlage. Weitere rd. 500 Recklinghäuser finden zur Zeit noch auf der Hertener Schachtanlage Ewald Beschäftigung. Die Umstrukturierung ist damit weitgehend abgeschlossen.
Im gleichen Zeitraum (1957-1998) ist im verarbeitenden Gewerbe die Zahl der sozialversicherungspflichtigen Arbeitsplätze von rd. 10.000 auf heute rd. 5.400 zurückgegangen.

Im Dienstleistungsbereich dagegen (Handel-, Geld- und Versicherungswesen, Verkehrswesen, Öffentlicher Dienst) ist von 1957 bis 1998 die Zahl der Arbeitsplätze von rd. 18.000 auf 23.500 angestiegen. Bei diesen Zahlen muß berücksichtigt werden, daß die Zahl der sozialversicherungspflichtigen Arbeitsplätze von insgesamt rd. 52.000 auf rd. 37.500 zurückgegangen ist.

Einwohner und Beschäftigte

Neue Gewerbe- und Mischgebiete wurden im Laufe der vergangenen 3 Jahrzehnte erschlossen. Die Stabilität der Beschäftigung und damit der heimischen Konjunktur ist damit nicht mehr so anfällig. Im Bereich der Produktion und Verarbeitung sind nach wie vor zahlreiche Stahl- und Maschinenbaufirmen tätig. Ihr Produktionsprogramm beinhaltet nur noch zum Teil Bergbauausstattungen.

Aufgrund des verkehrsgünstigen Standorts schätzen vor allem Großunternehmen die Stadt. Große Bekleidungsfirmen haben hier ihr Zentrallager, wie z. B. die Firma C & A Brenninkmeyer. Die Firma Paul Hartmann AG unterhält auf einer Fläche von 100.000 qm einen Produktions- und Distributionsstandort für medizinische Verbandsstoffe und Kinderwindeln.

Recklinghausen hat den Sprung in die Dienstleistungsgesellschaft gut gemeistert. Als Einkaufsstadt ist die Stadt attraktiv, nach wie vor nicht nur für die Bürger der Stadt, sondern auch der umliegenden Städte.

Als Verwaltungshauptstadt ist Recklinghausen Sitz wichtiger regionaler Behörden und Landesbehörden, wie Justizakademie für Nordrhein-Westfalen, Fachhochschule, Landesanstalt für

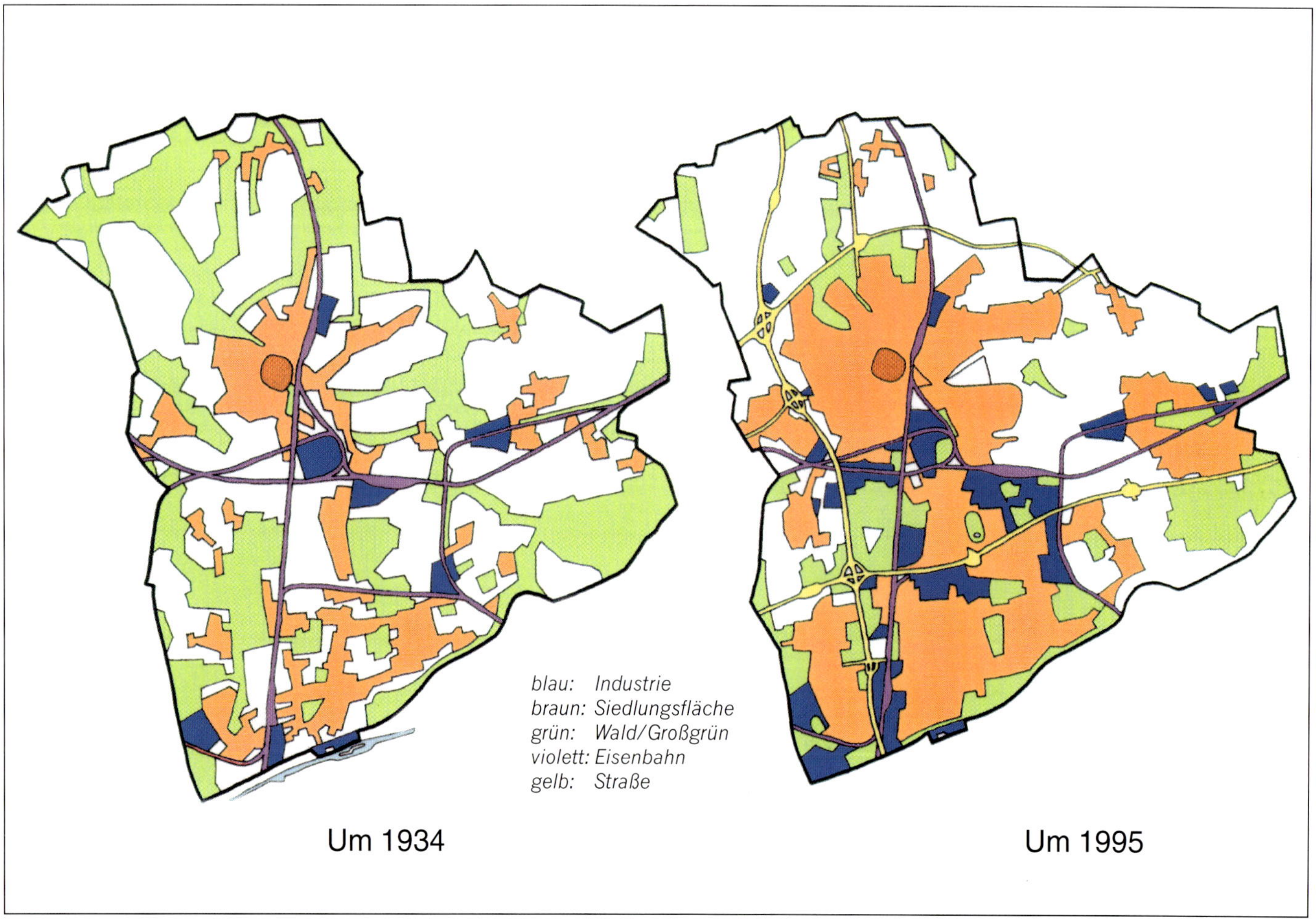

Gewerbe und Industrie – Entwicklung innerhalb der Grenzen des heutigen Recklinghausen.

Ökologie, Bodenordnung und Forsten, Kreisverwaltung, Gewerbeaufsichtsamt, Landeszentralbank, Eichamt, Amtsgericht, Finanzamt, Kreishandwerkerschaft, Einzelhandelsverband Ruhr-Lippe, Telekom-Verwaltung und zahlreicher weitere Einrichtungen von Verbänden und Firmenzentralen.

Als Bankenstandort ist Recklinghausen bekanntes Zentrum und nach Düsseldorf gemeinsam mit der Großstadt Essen zu nennen. Die Stadtsparkasse als ältestes städtisches Geldinstitut (1871) verfügt neben der Hauptstelle über 18 Zweigstellen und weiteren Service-Standorten in fast allen Stadtteilen. 450 Mitar-beiter werden beschäftigt.

Als Schul- und Bildungsstandort ragt Recklinghausen als Kreishauptstadt hervor durch 22 Grundschulen, 3 Hauptschulen, 4 Realschulen, 5 Gymnasien, die Volkshochschule, 5 Berufsbildende Schulen/Kollegschulen, 3 Gesamtschulen und 4 Sonderschulen und die neue Fachhochschule.

Kulturell sind die Ruhrfestspiele mit dem neuen Ruhrfestspielhaus an erster Stelle zu nennen. Das Ikonenmuseum ist weltbekannt, die Petruskirche als ältestes Gebäude sehenswert. Konzertaktivitäten machen Recklinghausen zu einem Mekka für Freunde klassischer Musik.

Sportlich ist und war Recklinghausen mit der Zahl der Sportstätten stets führend. 108 Sportvereine mit nahezu 30.000 Mitgliedern stehen 107 Sportstätten zur Verfügung.

Die Trabrennbahn geht in ihren Ursprüngen auf das Jahr 1921 zurück. Das Gelände von über 330.000 qm beinhaltet eine der schnellsten Bahnen Europas in einer Länge von 1.200 m (Linkskurs) sowie Trainingsbahnen. Die Trabrennanlage mit ihrer modernen Tribüne von 1979 zieht jedes Jahr eine halbe Million Besucher aus nah und fern an. Der jährliche Totalisatorumsatz beträgt rd. 40 Mio. DM.

Industriell tätig sind neben dem Bergbau noch das Getränkedosenwerk PLM, die Autolampenfabrik Hella und zahlreiche Maschinenbaufirmen sowie stahlverarbeitende Betriebe.

Da Recklinghausen mit nur 66 qkm – bei vergleichsweise stärkerer Bebauung als im Kreisumland – flächenmäßig relativ klein ist, kann es nicht unbegrenzt neue Gewerbegebiete geben. Die Aufschließung ehemaliger Zechengrundstücke für neue Gewerbenutzungen ist daher erforderlich, braucht aber seine Zeit. Nicht nur die Entfernung und Entsorgung der alten Industrieanlagen, auch die Rekultivierung der Grundstücke und die Entlassung aus der Bergaufsicht dauern oft viele Jahre.

Eine Basis-Kohleproduktion ist jedoch für die Zukunft angeraten. Das bedingt die technische Aufrechterhaltung verbundener Bergwerke bzw. Grubeneinrichtungen und eine entsprechende gemeinsame Wasserhaltung. ■

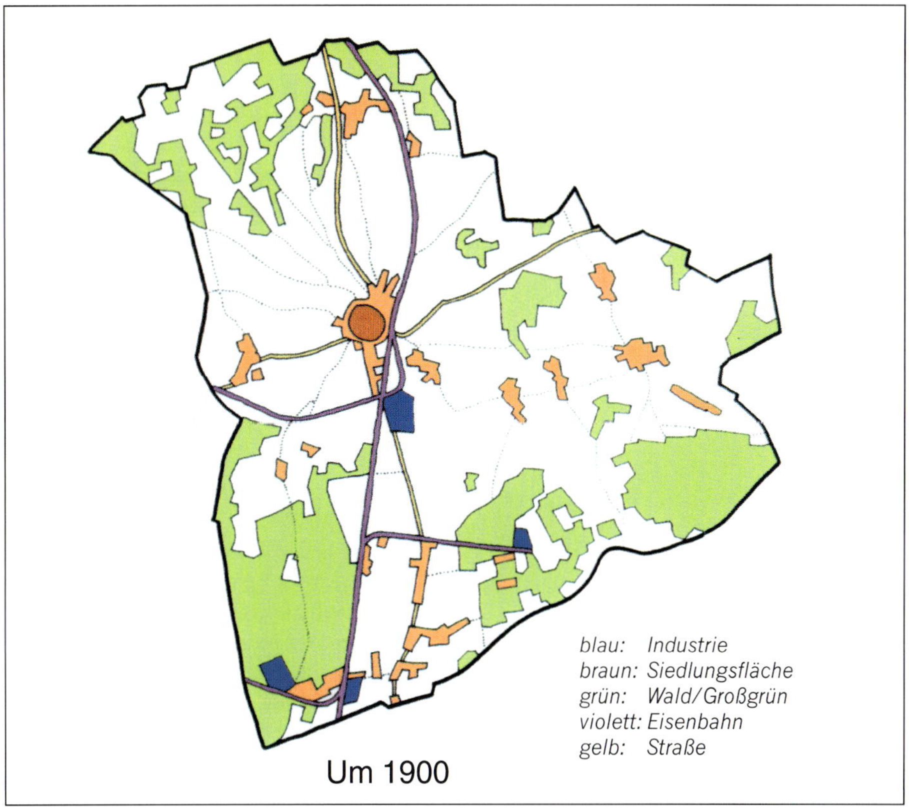

Gewerbe und Industrie – Entwicklung innerhalb der Grenzen des heutigen Recklinghausen.

Literaturhinweise

Stadtarchiv Recklinghausen
Der Kreis Recklinghausen, Konrad Theis Verlag, Stuttgart 1979

Daraus:
Albin Gladen, Wirtschaftlicher und sozialer Wandel Recklinghausens unter den Bedingungen der Industrialisierung

Günter Röhrdanz, Der Bergbau im Vest Recklinghausen, sein Einzug und die technische Entwicklung

Firmenkurzbiographien
Von Bruch zur Südstadt, Norbert Schüpp, Recklinghausen 1972

Kleine Stadtgeschichte, W. Burghardt, K. Siekmann, Recklinghausen 1971

Statistische Vierteljahresberichte der Stadt Recklinghausen, 2. Quartal 1998 und Sept. 1957

100 Jahre Straßenbauverwaltung in Westfalen-Lippe, Landschaftsverband Westfalen-Lippe, Münster, 1975

Bilder: Stadtarchiv Recklinghausen
Hans Hoffmann, Herne, Luftbild von 1991 und Grafikvergleich Gewerbe- und Industrieflächen

Sie trugen den Namen der Stadt in die Welt – berühmte Persönlichkeiten Recklinghausens

Prof. Dr. med. Gustav Schulte (6. Juni 1888 – 23. August 1954).

Gustav Schulte

Auf einer Beratung des Hauptausschusses der Stadt Recklinghausen am 2. Mai 1950 schlug der damalige Oberbürgermeister Dünnebacke den Fraktionen vor, den Chefarzt des Knappschaftskrankenhauses, Dr. med. Gustav Schulte, der sich als Röntgenologe im In- und Ausland durch seine Forschungsarbeiten einen Namen gemacht habe, das Ehrenbürgerrecht zu verleihen. Schon am 16. Mai beschloß die Stadtvertretung in einer geheimen Sitzung einstimmig, Schulte auszuzeichnen. Er war damit der erste Ehrenbürger der Stadt nach dem Zweiten Weltkrieg. Im selben Jahr erfuhr Dr. Schulte noch weitere Ehrungen: Im August 1950 ernannte die argentinische Röntgengesellschaft Dr. Schulte wegen seiner großen Verdienste um die Röntgenkunde und Strahlenforschung zu ihrem Ehrenmitglied. Kurze Zeit später fragte der Rektor der Johann-Wolfgang-von-Goethe-Universität Frankfurt am Main in einem Brief an, wie er sich zu einer eventuellen Berufung auf einen Lehrstuhl stelle. Schulte aber lehnte ab; er erklärte, lieber in Recklinghausen bleiben zu wollen. Im Oktober desselben Jahres wurde er zum Honorarprofessor ernannt.

Als Gustav Schulte am 6. Juni 1888 als Sohn eines Steigers in Dortmund-Huckarde geboren wurde, ahnte niemand, daß hier der spätere „Röntgenpapst", wie ihn seine Kollegen respektvoll nannten, in der Wiege lag. Diese Verbindung mit dem Revier und dem Bergmann sollte seinem späteren medizinischen Wirken eine besondere Richtung geben. 1919, als sich der junge chirurgische Assistent der Röntgenologie zuwandte und eine Stellung am Knappschaftskrankenhaus in Recklinghausen annahm, standen ihm lediglich ein Zimmer und ein Bestrahlungsgerät zur Verfügung. In 35jähriger Tätigkeit baute Schulte dann das Krankenhaus am Westerholter Weg zum bedeutendsten Röntgeninstitut Deutschlands aus, das Zentrum der Röntgenwissenschaft und der Röntgenpraxis wurde. Seine Leistung vor allem war es, das Röntgenverfahren in Diagnostik und Therapie immer besser und wirkungsvoller entwickelt zu haben.

Schwerpunkt seiner röntgendiagnostischen Intention war die Bekämpfung der Berufskrankheit Silikose, der Geißel des Bergmanns. Es beschäftigte ihn vor allem die damals noch ungeklärte Frage der Disposition. Er hatte nämlich beobachtet, daß es zahlreiche Bergleute gab, die 40 und mehr Jahre vor der Kohle gearbeitet und dennoch nicht die geringsten Anzeichen einer Erkrankung aufzuweisen hatten. Andere hingegen wurden schon nach wenigen Jahren anfällig. In enger Zusammenarbeit mit dem Bergbau ersann Dr. Schulte Verhütungsverfahren. Das Röntgenverfahren stimmte er mehr und mehr auf die besonderen Erfordernisse ab, die die Silikose aufgibt. Auch bei dieser Krankheit gelang es ihm, die Heilquoten bedeutend zu steigern.

Schließlich widmete er sich mit dem ihm eigenen Ernst und Pioniergeist der klinischen Erprobung eines neuen Antibiotikums Actinomycin C, das gegen die lebensgefährliche, blutzerstörende Lymphogranulomatose und gegen Tumore damals verwendet wurde. Eine Welle der Hoffnung wurde durch die Behandlung dieser heimtückischen Krankheit in der ganzen Welt ausgelöst. Aus allen Ländern der Erde kamen die Patienten nach Recklinghausen ins „Strahlenhaus" und suchten bei Dr. Schulte Heilung.

Dr. Werner Burghardt

Der Autor ist Stadtarchivar Recklinghausens und Verfasser zahlreicher Schriften zur Geschichte der Stadt und des Vestes Recklinghausen.
Er ist Herausgeber des populären „Vestischen Kalenders" und im Auftrag der Geschichtsvereine des Vestes der wissenschaftlichen „Vestischen Zeitschrift".

Nach Erreichung der Altersgrenze schied er 1953 aus den Diensten der Knappschaft aus, blieb jedoch nicht untätig, sondern begann, sich ein röntgenologisches Institut aufzubauen, und verschrieb sich zusammen mit Wissenschaftlern der Weiterentwicklung des Heilmittels Actinomycin. Am 23. August 1954 starb er im St.-Sixtus-Krankenhaus in Haltern, wo er eine Herzerkrankung auskurieren wollte, im Alter von 66 Jahren.

Heinrich Weber

Heinrich Weber prägte in der Zeit der Weimarer Republik entscheidend das Bild der Christlichen Sozial- und Caritaswissenschaft in Deutschland. Er war der Nachfolger von Franz Hitze auf dem ersten deutschen Lehrstuhl für Christliche Gesellschaftslehre an der Universität Münster und Vorgänger Joseph Höffners, des späteren Erzbischofs von Köln.

Heinrich Weber stammte aus einer angesehenen Lehrerfamilie in der Bauerschaft Röllinghausen bei Recklinghausen. Dort ist er am 20. Oktober 1888 geboren worden. Vom 10. Lebensjahr an besuchte er die altehrwürdige Bildungsstätte des Vestes Recklinghausen, das Gymnasium Petrinum, wo er 1908 das Reifezeugnis erwarb. Anschließend studierte er Philosophie und Theologie an der Universität Münster. Nach bestandenen Examina weihte ihn Felix von Hartmann, der damalige Bischof von Münster und spätere Kardinal-Erzbischof von Köln, 1912 zum Priester.

Verschiedene Aufgaben in der praktischen Seelsorge veranlaßten seinen Bischof, ihn 1916 zum „Diözesansekretär", 1920 dann zum Direktor des neu gegründeten Caritasverbandes des Bistums Münster zu bestellen. Ab 1923 war Weber Vorsitzender dieses Verbandes für das Bistum Münster. An der staatlich anerkannten Wohlfahrtsschule, aus der in den siebziger Jahren dieses Jahrhunderts eine Abteilung der Katholischen Fachhochschule Nordrhein-Westfalen wurde, lehrte er Volkswirtschaftslehre und Wohlfahrtskunde.

Trotz seines intensiven Engagements für Aufgaben der Fürsorge, der heutigen Sozialarbeit, fand Weber noch Zeit, Rechts- und Staatswissenschaften an der Universität Münster zu studieren. 1919 promovierte er zum Dr. rer. pol. mit einer Dissertation über „Das Lebensrecht der Wohlfahrtspflege", in der er in politischer Umbruchszeit mit fundierten historischen, rechtlichen, ethischen und ökonomischen Argumenten die damals umstrittene Frage der Berechtigung der privaten Wohlfahrtspflege aufgriff und dieser zur anerkannten Verankerung in der Öffentlichkeit verhalf. Zwei Jahre später, 1921, habilitierte er sich in der Rechts- und Staatswissenschaftlichen Fakultät Münster.

Webers geistige Vielseitigkeit zeigt sich auch darin, daß er im April 1922, also ein Jahr nach seiner Habilitation, an der Universität Tübingen mit dem Thema „Die religiös-ethischen Grundlagen der Fürsorgearbeit im Judentum und Christentum" zum zweiten Mal, nun zum Dr. theol., promovierte.

Noch im selben Jahr, im August 1922, wurde Weber als Professor für Soziales Fürsorgewesen und Gesellschaftslehre an die Rechts- und Staatswissenschaftliche Fakultät in Münster berufen, mit der gleichzeitigen Verpflichtung für einen Lehrauftrag in Christlicher Gesellschaftslehre und für Soziales Fürsorgewesen auch an der Katholisch-Theologischen Fakultät. Weber ist damit einer der ganz wenigen Lehrstuhlinhaber in der Weimarer Zeit gewesen, die an einer Hochschule mit Vorlesungen über das Fürsorgewesen beauftragt waren.

Prof. Dr. Heinrich Weber
(20. Oktober 1888 – 29. August 1946).

Das differenzierte sozialwissenschaftliche Denken Heinrich Webers und sein Einfluß im Münsterland wurden den neuen Machthabern 1933 schon bald unbequem. Sie versuchten schnell, seinen Wirkungsrahmen zu beschneiden.

Deshalb drängten sie ihn 1933, einen Antrag auf Versetzung in die Katholisch-Theologische Fakultät in Münster zu stellen und entzogen ihm das Prüfungsrecht in der Rechts- und Staatswissenschaftlichen Fakultät. Aber auch das war den Nationalsozialisten noch nicht genug; sie versetzten ihn zwangsweise zum 1. Oktober 1935 an die Katholisch-Theologische Fakultät der Universität Breslau, wo ihm das Fach Caritaswissenschaft und 1937 auch die Pastoraltheologie übertragen wurde. Bischof Clemens August Graf von Galen sorgte wegen der ständigen Anfeindungen Webers durch SS-Organisationen demonstrativ für Webers Ernennung zum Päpstlichen Hausprälaten. Im Januar 1945 zwang ihn die Geheime Staatspolizei, Breslau zu verlassen.

Ferdinand Werne
(get. 3. August 1800 – 2. September 1874).

Nach dem Zweiten Weltkrieg kehrte Heinrich Weber an die Katholisch-Theologische Fakultät und an die Rechts- und Staatswissenschaftliche Fakultät in Münster als Ordinarius für Volkswirtschaft unter Berücksichtigung der Caritaswissenschaften zurück. Von hier aus gründete er die Sozialforschungsstelle an der Universität Münster in Dortmund und wurde ihr erster Direktor. Aus der Aufbauarbeit für ein soziales und demokratisches Deutschland entriß ihn der frühe plötzliche Tod am 29. August 1946 in Münster.

Ferdinand Werne

In jener wirren Übergangszeit von Napoleon zu Preußen wurde in Recklinghausen ein Mann geboren, der als bekannter Forschungsreisender half, einen weißen Fleck auf den Landkarten Afrikas zu beseitigen: Ferdinand Werne. Er stammte aus einer alten Recklinghäuser Ratsfamilie; sein

Geburtsdatum kennen wir nicht: Er wurde am 3. August 1800 in St. Petrus getauft. Sein Vater Franz Karl W. war domkapitularischer kölnischer Hobsrichter in Oer und Körne und Advokat in Recklinghausen. Nach dem Besuch des Gymnasiums Petrinum in Münster wurde Ferdinand im April 1819 in Bonn Student der Rechtswissenschaften. Stets ein ausgelassener Student und fröhlicher Kneiperei ergeben, zählt er zu den Gründungsmitgliedern der landsmannschaftlichen „Guestphalia" in Bonn. Als die Griechen im Unabhängigkeitskrieg gegen die Türken zu unterliegen drohen, meldete sich Ferdinand 1822 als einer der ersten Freiwilligen; aber schon bald kehrte er enttäuscht vom Hader der Griechen in die Heimat zurück. Sein Reisetrieb hielt ihn nicht lange in Deutschland. Während der „Großen Pest" lebte er 1836/37 als Dolmetscher in Konstantinopel, dann als preußischer Vizekonsul in Alexandrien. Seine Stellung opferte er dem Plan, an der von Mehemed Ali Pascha, dem Vizekönig von Ägypten, angeordneten ersten Expedition zur Entdeckung der Quellen des Weißen Nils teilzunehmen. Der Versuch, sich dieser Expedition unterwegs anzuschließen, schlug fehl; Werne erkrankte auf der Reise nilaufwärts. Nach seiner Genesung nahm er an einem Feldzug teil, der sich im Raum zwischen dem Blauen Nil und Abessinien-Erythrea abspielte. Sorgfältig führte er Tagebuch über alle Merkwürdigkeiten des Landes und seiner Bewohner und sammelte fleißig seltene Tiere, Gegenstände usw.

Seit Anfang 1844 lebte er in Berlin und hielt Vorträge über seine Teilnahme an einer zweiten Expedition. 1854 erlitt Werne einen Schlaganfall, von dem er sich nie wieder erholte. Alexander von Humboldt, den Ferdinand seinen Gönner nannte, wollte dem preußischen König die Bitte unterbreiten, Werne ein Konsulat im Orient zu geben. Aber diese Hoffnungen erfüllten sich nicht. Unbemittelt und wegen allgemeiner Hilfsbedürftigkeit lebte Werne über zwei Jahre in der Landespflege- und Krankenanstalt in Geseke. Erst am 2. September 1874 starb er im Friedrich-Wilhelm-Hospital in Berlin verarmt im 75. Lebensjahr.

Der Name des Recklinghäusers Ferdinand Werne lebt fort in der „Sammlung Werne" im Staatlichen Museum für Völkerkunde in Berlin, die der berühmte Ägyptologe Professor Karl Lepsius für das Museum erwarb. Aus dieser Sammlung sind fast 200 Exponate ins „Zoologische Museum" in Berlin gelangt. Es wird vermutet, daß auch die Sammlung des Berliner Botanischen Gartens von Werne gesammelte Gegenstände enthält.

Heinrich Schirmbeck (geb. 23. Februar 1915).

Heinrich Schirmbeck

Was die Naturwissenschaften in all ihren, auch mit dem Krieg verwobenen Konsequenzen betrifft – man denke an die Atombombe –, hat in der deutschen Literaturgeschichte im weitesten Sinne nur einer daraus seine ästhetischen Konsequenzen gezogen: Heinrich Schirmbeck. Sein gesamtes Lebenswerk zeichnet die intellektuelle wie ästhetische Doppelbindung von Literatur und Wissenschaft aus.

In Recklinghausen ist er am 23. Februar 1915 geboren; hier hat er die ersten neunzehn Jahre seines Lebens zugebracht. Vor allem am Hittorf-Gymnasium, das er später einmal seine Universität nannte, wurden Interessen und Vorlieben geweckt, die die Grundlagen des Welt- und Menschenbildes Schirmbecks bestimmen. Nach dem Abitur 1934 versagten die Nationalsozialisten Schirmbeck aus politischen Gründen die sog. „Hochschulreife", Bedingung damals für ein Studium. Deshalb verließ er im selben Jahr Recklinghausen. In Frankfurt/M. trat er eine Buchhändlerlehre an, knüpfte erste Kontakte zur „Frankfurter Zeitung", die im Feuilleton kleine Prosastücke von ihm druckte.
Schirmbecks Karriere als Schriftsteller begann in den Jahren 1938/39 in Berlin, wo er Peter Suhrkamp begegnete, der nun sein Mentor blieb. Ihm verdankt er die Beziehungen zur „Neuen Rundschau". Bei Suhrkamp erschien 1944 Schirmbecks erster Novellenband „Die Fechtbrüder", darunter Erzählungen, die leitmotivisch die Themen der späteren größeren Arbeiten anschlugen: Ansätze zu einer Metaphysik des Eros, intellektuelle Emotionen, ein gewisser Romantizismus der Wissenschaft. Als 1947 die Erzählung „Gefährliche Täuschungen" – später zum Roman „Der junge Leutnant Nicolai" erweitert (1958) – ebenfalls bei Suhrkamp erschien, hatte Schirmbeck bereits das zweite Stadium, das des Ideenromans, erreicht. 1950 zeichnete ihn die Akademie der Wissenschaften und der Literatur in Mainz mit dem Großen Literaturpreis aus.

Schirmbeck begann nachzudenken, wie wissenschaftliche Erkenntnisstoffe in adäquate Kunst verwandelt, wie die Abstraktion veranschaulicht werden könne. Das Ergebnis dieses Nachdenkens war der Roman „Ärgert dich dein rechtes Auge: Aus den Bekenntnissen des Thomas Grey" (1957). Dieses Buch entfesselte beträchtliches literarisches Aufsehen; die Kritik in den englischsprachigen Ländern feierte das Buch als literarisch ambitionierteste Schöpfung deutscher Sprache seit Thomas Manns „Der Zauberberg". 1959 wurde Schirmbeck Mitglied des PEN-Zentrums der Bundesrepublik.
1962 wählte die Deutsche Akademie für Sprache und Dichtung in Darmstadt Schirmbeck zu ihrem ordentlichen Mitglied, und die Stadt Düsseldorf sprach ihm den Förderpreis zum Immermann-Preis zu. Zwei Jahre danach nahm ihn auch die Akademie der Wissenschaften und der Literatur in Mainz als ordentliches Mitglied auf.
Nach dem großartigen Versuch, in zwei Romanen Stoffe der modernen Wissenschaft, insbesondere der Naturwissenschaft, dem Bereich der epischen Darstellung einzuverleiben, folgten zwei Essaybände, die sich gleichfalls darum bemühten, neue Bewältigungen der Gegenwart zu überlegen: „Die Formel und die Sinnlichkeit – Bausteine zu einer Poetik im Atomzeitalter" (1964) und

„Ihr werdet sein wie Götter – Der Mensch in der biologischen Revolution" (1966). Im Sommer 1970 veröffentlichte die Akademie der Wissenschaften und der Literatur in Mainz einen Aufsatz Schirmbecks, der ein Beitrag der Literatur zur Friedenspädagogik sein möchte: „Die moderne Literatur und die Erziehung zum Frieden – Kritik und Entwurf eines Modells."
Seit Ende der sechziger und Anfang der siebziger Jahre konzentrierten sich Schirmbecks Energien fast ausschließlich auf friedens-, antiatom- und ökologie-politische Aktivitäten. 1980 sprach die Stadt Darmstadt Heinrich Schirmbeck für seine Leistungen die Johann-Heinrich-Merck-Ehrung zu. 1995 verlieh ihm die Stadt Frankfurt die Goethe-Plakette.

Schirmbecks gesamtes Oeuvre – von den Erzählungen über die Romane bis hin zu den Essays – ist in der deutschen Literatur der zweiten Jahrhunderthälfte der einzig ernstzunehmende Großversuch, Dichtung mit den Realitäten des wissenschaftlich-technischen Zeitalters und der Wissenschaft selbst in Berührung zu bringen, sie auf Möglichkeiten des Miteinander zu befragen oder die Abgründe auszuloten, die sie trennen.

Carl Still

Carl Still wurde am 2. August 1868 in Struthütten/Siegerland geboren. In den 80er Jahren des vorigen Jahrhunderts hatte er die Maschinenbauschule in Holzminden besucht. Ehe er am 1. Mai 1898 eine eigene Firma in Recklinghausen gründete, arbeitete er als Montage-Ingenieur und als Chefkonstrukteur im Kokereibau in Bochum. Still begann, für viele Zechen Benzolgewinnungsanlagen zu bauen, die durch seine grundlegenden physikalisch-chemischen Ausarbeitungen eine umfassende Aufwärtsentwicklung erfuhren. Schon einige Jahre später kam der Bau anderer Nebenerzeugungsanlagen, so der von Rohgas-Kondensations-Anlagen, von Ammoniakfabriken und Teerdestillationen hinzu. 1906 nahm er in sein Konstruktionsprogramm auch die Errichtung ganzer Kokereien auf. Stills Studium über die Strömungsverhältnisse in Koksöfen führte nach 1918 zur Einführung der „Stufenbeheizung", die der Firma Still durch Vervielfachung der Ofenleistung eine Spitzenstellung in aller Welt sicherte. Anfang der 30er Jahre erweiterte Still das Betätigungsfeld der Firma auf Verarbeitungsanlagen im Rahmen der Erdölraffinerien.

Carl Still
(2. August 1868 – 8. August 1951).

Aus den Anfängen der Firma Still rührt die Freundschaft zu dem Physiker Max Planck. Zunächst war es nur ein fachlicher Kontakt, später entwickelten sich die Beziehungen zu einer Freundschaft, die sich besonders in den großen Nöten des Zweiten Weltkrieges und der Nachkriegszeit bewährte. Im Sommer 1920 nahm der wissensdurstige Carl Still Privatunterricht in Variationsrechnung bei Professor Richard Courant in Münster. Aus dieser Begegnung entwickelte sich anschließend ein sehr reges geistiges und geselliges Leben zwischen den Mathematikern und Physikern in Göttingen und der Familie Still in Recklinghausen. Courant zog nach dem Intermezzo in Münster u. a. Max Born, James Franck und den Mathematiker Carl Runge hinzu. Als Max Born Albert Einstein berichtete, daß Franck in Göttingen seine Tätigkeit nicht aufnehmen könne, bevor nicht bestimmte Apparaturen installiert seien, es jedoch keine amtliche Stelle gebe, die das nötige Geld bereitstellen könne, griff Still ein und half unauffällig finanziell mit. In späteren Tagen hat er weit größere Stiftungen gemacht.

Wegen seiner wissenschaftlichen Verdienste und technischen Leistungen verlieh die Technische Hochschule Aachen Carl Still 1918 den Dr.-Ing. ehrenhalber. Die Stadt Recklinghausen, wo er von 1915 – 1924 Magistratsmitglied war, machte ihn am 02.08.1938 zu ihrem Ehrenbürger. Auf dem 80. Geburtstag Carl Stills waren Direktoren der Universitäten Göttingen und Münster anwesend; beide Universitäten ernannten Still zu ihrem Ehrenbürger. Sie würdigten damit einen Mann, der ihnen in langen Jahren ein verständnisvoller und hilfsbereiter Freund und Förderer gewesen und der ein ausgezeichneter und feinsinniger Kenner der mathematischen und physikalischen Wissenschaften war. Still hat durch sein schöpferisches Können die Technik seiner Fachgebiete außerordentlich befruchtet und selbsterarbeitete Einsichten in neuen Konstruktionen dem Wohle seines Landes nutzbar gemacht. Carl Still starb am 8. August 1951 in Recklinghausen. Sein Name lebt fort in der Carl-Still-Straße.

Otto Burrmeister

Otto Burrmeister war kein Recklinghäuser, aber er hat in Recklinghausen erfolgreich gewirkt und den Namen der Stadt europaweit bekanntgemacht. Am 14. Oktober 1899 wurde er als Sohn eines Arbeiters in Hamburg geboren. Er konnte nur die Volksschule besuchen und war deshalb auf ständige autodidaktische Fortbildung angewiesen. Seine Bildung war breit und gründlich. Selbst ein Arbeitersohn, führte ihn der Weg durch die Arbeiterjugendbewegung und die Freie Proletarische Jugend und am Ende der zwanziger Jahre zur Sozialdemokratischen Partei. Anfang der dreißiger Jahre schuf er in Hamburg die Erwerbslosenselbsthilfe. Solche politischen Aktivitäten trugen ihm bei den Nazis Inhaftierung und danach politische Verfemung ein. Als ab 1945 das Hamburger Schauspielhaus wieder bespielbar gemacht wurde, durfte Burrmeister als Verwaltungsdirektor dabeisein.

Otto Burrmeister (14. Oktober 1899 – 21. Oktober 1966).

Er war kein linker Intellektueller. Sein Ideal war die deutsche Klassik, waren Goethe, Schiller und Herder. Er träumte von einem neuen demokratischen Deutschland, in dem diese „bürgerliche" Kunst und Kultur auch den Arbeitern vermittelt werden könne. Burrmeister war zutiefst davon überzeugt, daß die Stütze einer Demokratie nur eine staatsbewußte Arbeiterschaft sein könne. Im bitterkalten Nachkriegswinter 1946/47 waren diese Träume allerdings nicht zu verwirklichen. In den Hamburger Theatern wurden die Kohlen so knapp, daß am „Deutschen Schauspielhaus" die frierenden Künstler streikten und die Proben abgebrochen werden mußten. Die Hydraulik drohte einzufrieren. Koks mußte her. Beherzt fuhren Burrmeister und einige Freunde und Kollegen mit zwei Lastzügen und je zwei Anhängern auf eigene Faust ins Ruhrgebiet, bekamen zufällig in Recklinghausen eine Zeche ins Blickfeld, König-Ludwig 4/5 in Suderwich, sprachen dort vor und versuchten beim Betriebsrat ihr Glück. Sie fanden offene Ohren, aber die englische Militärbehörde verfügte allein über die geförderte Kohle. Mit dem, was die Bergleute – auch der Werksdirektor machte mit – aus Solidarität für ihre Hamburger Bühnen-Kollegen trotzdem taten, riskierten sie ihre Existenz. Die Lastwagen rollten jedenfalls mit schwarzem Gold nach Hamburg zurück. „Wir kommen wieder!" versicherte Otto Burrmeister, und er hielt Wort.

Im Sommer darauf erfüllte sich sein Versprechen: durch ein „Dankgastspiel", an dem sich alle drei Hamburger Theater mit ihren besten Kräften beteiligten. Die Resonanz war bei allen Beteiligten ungeheuer. Der damalige Erste Bürgermeister Hamburgs, Max Brauer, war so begeistert, daß er bei einer Abschiedsfeier empfahl, die Gastspiele von nun an fortzusetzen: Warum sollte es nur Festspiele in Salzburg und Bayreuth, warum sollte es nicht auch Festspiele an der Ruhr geben? Das war die Geburtsstunde der „Ruhrfestspiele". Otto Burrmeister, der bald danach zum Kulturreferenten des Deutschen Gewerkschaftsbundes avancierte, wollte jedoch alles andere als ein Bayreuth für Arbeiter. Er wollte ein soziales Kulturwerk, das den Angehörigen aller Bevölkerungsschichten, insbesondere den gewerkschaftlich organisierten Arbeitnehmern, die Teilhabe an Kunst und Kultur ermöglichte. Kultur war für ihn auch Wissen und die Fähigkeit, an der öffentlichen Sache zu partizipieren. Er wollte, daß nach den Jahren der nationalsozialistischen Diktatur die neu im Entstehen begriffene Demokratie eine solche werde, die die arbeitende Bevölkerung als ihre eigene Sache betrachtet. Deshalb nannte er die Ruhrfestspiele gern einen „Kristallisationspunkt eines neuen gesellschaftlichen Bewußtseins". War das Theater bei der legendären Kompensation Kohle gegen Kunst die Initialzündung zur Gründung der Ruhrfestspiele, so war das Streben der Leitung von Anfang an darauf gerichtet, sie „im Sinne eines komplexen Kulturwerkes auszubauen, in dem künstlerische Veranstaltungen der verschiedenen Sparten mit solchen wissenschaftlicher, politischer und gesellschaftskritischer Art korrespondieren". 1950 wurden die Besucher erstmals in einer Ausstellung mit Bildern und Skulpturen der bedeutendsten französischen und deutschen Künstler konfrontiert.

Das „Europäische Gespräch" wurde Sensation: Das Thema des ersten Gespräches 1950 lautete „Arbeiter und Kultur". Beide rückten Recklinghausen ebenso ins internationale Blickfeld wie die „Woche der Wissenschaft", jährlich fortgeführt wie die Bundesarbeitsgemeinschaft „Arbeit und Leben" und die „Woche des Sports". Die Jugend veranstaltete seit 1951 ihre eigenen Kulturtage im Rahmen der Ruhrfestspiele, emanzipierte sich aber schon bald von dem von Otto Burrmeister beschrittenen Weg. Sie gingen mit den Veranstaltungen des „jungen forums" eigene Wege.

Bis zu seinem Lebensende waren Geist und Programm der Ruhrfestspiele im wesentlichen von Otto Burrmeister geprägt.

1965 stifteten Künstler einen wertvollen Ring als ihren bleibenden Dank an Otto Burrmeister. Im selben Jahr erlebte er die Krönung seiner Arbeit durch die Eröffnung des Hauses der Ruhrfestspiele auf dem Hügel in Recklinghausen. Am 20. Oktober 1966, wenige Tage nach seinem 67. Geburtstag, war seinem Leben und Schaffen ein Ziel gesetzt.

Thomas Grochowiak
(geb. 2. Dezember 1914).

Thomas Grochowiak

Thomas Grochowiak, geboren am 2. Dezember 1914 in Recklinghausen als Sohn eines Bergmanns, ist aufgewachsen inmitten der harten Arbeitswelt des Ruhrgebietes. Seine Kindheitseindrücke wurden vom Arbeitsrhythmus des Reviers bestimmt, und die Realität dieser Landschaft hat er nie vergessen. Nichts zog ihn zum traditionellen Familienberuf des Bergmanns hin. Seine ganze Lust war von klein an das Malen und Zeichnen. So war es eine glückliche Fügung, die ihn 1932, in der Zeit der schweren Wirtschaftskrise, eine Lehrstelle in der Dekorationsabteilung eines Warenhauses finden ließ. Häufig war er Gast des Folkwang-Museums in Essen. Während seiner späteren Tätigkeit als Leiter der Werbeabteilung eines Kaufhauses in Dortmund besuchte er Abendkurse an der dortigen Werkkunstschule. In dieser Zeit entstanden kleine Blätter; Fingerübungen nur, aber sie waren schon Vorahnungen des Kommenden.

Der entscheidende künstlerische Ubruch erfolgte erst nach 1945. Grochowiak erlebte eine erste Ausstellung seiner Bilder, realistische Schilderungen des persönlichen Umfeldes und Porträts. Ein wichtiges Jahr war 1948; er gründete gemeinsam mit den Malern Gustav Deppe, Emil Schumacher, Heinrich Siepmann und dem Bildhauer Ernst Hermanns die Künstlergruppe „junger westen", die eine feste Institution der Stadt Recklinghausen wird, vom gleichnamigen Kunstpreis begleitet. 1948 hatten der Deutsche Gewerkschaftsbund und die Stadt Recklinghausen eine „Gesellschaft zur Durchführung der Ruhrfestspiele" gegründet. Im selben Jahr lernte Grochowiak deren Initiator und Leiter Otto Burrmeister kennen und trug ihm seine Idee vor, das Programm der Ruhrfestspiele durch Kunstausstellungen zu erweitern. 1950 konnte Grochowiak Premiere feiern; die erste Ausstellung war der „französischen und deutschen Kunst der Gegenwart" gewidmet. Seit jener Zeit sind die Ruhrfestspielausstellungen im Gespräch geblieben. Sie wurden zu einem Ort der Begegnung für junge Künstler, sie standen im Zentrum der Auseinandersetzung und der Diskussion über die moderne Kunst.

1954 berief ihn der Rat der Stadt Recklinghausen zum Direktor des Städtischen Museums. 1956 gründete er in dieser Eigenschaft das Ikonenmuseum, eine für Westeuropa einmalige und einzigartige Möglichkeit der Begegnung mit ostkirchlicher Kunst. Er trug durch diesen „Denkmälerschatz und von seinem Arbeitskreis aus bei zu dem nie endenden um den Erdball gehenden Gespräch." Ab 1969 ist Grochowiak auch Leiter der Städtischen Galerie Schloß Oberhausen. Der malende Museumsdirektor fand jetzt die Grundprinzipien seiner Kunst: Seine Malaktionen zielten immer wieder dahin, daß Schwere zum Schweben zu bringen – Aktivität und Spontaneität, die sich in automatischer Pinselschrift durch Zeichen und vegetative Strichbündelungen äußern, mit in sich ruhenden Formen zu spannungsgeladenem Zusammenklang zu führen. Etwas Leichtes kennzeichnet seine Bilder, die in verschiedenen deutschen Museen und in bedeutenden Privatsammlungen hängen, sie waren zu sehen in Einzelausstellungen und in Gemeinschaftsausstellungen des In- und Auslandes.

Zu den vielfachen Aufgaben aus Beruf und Berufung als Maler, als Museumsdirektor, als Mitarbeiter in der Leitung der Ruhrfestspiele kam ein weiteres Tätigkeitsfeld hinzu, das des Autors: zahlreiche Aufsätze in Katalogen, Zeitschriften und Büchern, Mitarbeit in der Rundfunksendereihe „Wir sehen Kunst" und die umfassende Monografie über Ludwig Meidner. 1965, und später noch zweimal, war Grochowiak Kommissar für die deutsche Sektion der Biennale in Paris, eine Tätigkeit, die er ebenso für die Triennalen in New Delhi und Bratislava ausübte. Er wurde als Kurator für das Goethe-Institut und das Institut für Auslandsbeziehungen tätig.

1966 wählte man ihn zunächst in den geschäftsführenden Vorstand des Deutschen Künstlerbundes, 1979 dann zum Ersten Vorsitzenden. 1979 beendete er seine Museumstätigkeit in Oberhausen und schied 1980 aus dem Dienst der Stadt Recklinghausen und der Ruhrfestspiele aus. Einige Jahre später, 1985 – im selben Jahr war er Ehrengast der Deutschen Akademie der Villa Massimo in Rom – trat Grochowiak vom Vorsitz des Deutschen Künstlerbundes zurück. Die Anzahl der Ehrungen und Auszeichnungen für seine kulturpolitischen Aktivitäten hingegen nahm zu. Schon 1972 wurde ihm der Professorentitel zuerkannt. 1980 erhielt er das Große Verdienstkreuz des Verdienstordens der Bundesrepublik Deutschland. 1995 schließlich wurde er Ehrenbürger der Stadt Recklinghausen.

Das Interesse Thomas Grochowiaks an der Kultur und an Kulturpolitik zielte auf die mitgestaltende Rolle der Kunst im öffentlichen Raum und die seismographische und soziale Verantwortung. Und umgekehrt: Er hat sich immer für die Rechte der Künstler und deren Status eingesetzt; so hat er den Kunstfonds in Bonn mit konzipiert und institutionalisiert.

COMMERZBANK

Hella KG Hueck & Co.
Wupperstr. 5
45663 Recklinghausen
Telefon (02361) 307-0
Telefax (02361) 307-53 00 S. 25

Obstsaftkelterei
J. Möller GmbH & Co. KG
Forststraße 7
45659 Recklinghausen
Telefon (02361) 2 48 64, 5 70 91/92
Telefax (02361) 2 61 47 S. 77

PLM RECKLINGHAUSEN
DOSENWERK GmbH
Hellbachstraße
45661 Recklinghausen
Telefon (02361) 603-0
Telefax (02361) 603-270 S. 34

RELAB AG
Recklinghausen-Labor-Aktiengesellschaft
Berghäuser Straße 25
45659 Recklinghausen
Telefon (02361) 3000 143
Telefax (02361) 3000 169 S. 54

remex Recklinghausen
Alte Grenzstraße 153
45663 Recklinghausen
Telefon (02361) 66 01-0
Telefax (02361) 66 01-10 S. 92

Farben-Fabrikation
Harold Scholz & Co. GmbH
Ickerottweg 30
45665 Recklinghausen
Telefon (02361) 98 88-0
Telefax (02361) 98 88-833 S. 62

VEW Energie AG
Wielandstr. 82
44791 Bochum
Telefon (0234) 515-24 57
Telefax (0234) 515-23 92 S. 63

Wirtschaftsstandort Recklinghausen

Verlag	EUROPÄISCHER WIRTSCHAFTS VERLAG GmbH Ein Unternehmen der MEDIEN GRUPPE KIRK HOLDING AG Groß-Gerauer Weg 1 in D-64295 Darmstadt Telefon (06151) 17 70-0 Telefax (06151) 17 70-10 LeoPro (06151) 17 70-48 E-mail ewv@medien-gruppe.com Homepage www.medien-gruppe.com
Internet	www.standort-deutschland.com
Herausgeber	Christian Kirk © in Zusammenarbeit mit der Stadt Recklinghausen
Realisation	Dieses Projekt wurde realisiert unter Mitarbeit der Autoren Peer Steinbrück, Wolfgang Pantförder, Heinz Middeldorf, Ulrich Engelmann, Karl-F. Schulte-Uebbing, Gerd Fröhlich, Anette Kolkau, Paul Laser, Erich Witte, Andreas Sindern, Prof. Dr. Peter Schulte, Rolf Kalkkuhl, Beate Ehlert-Willert, Hansgünther Heyme, Hermann Gallhoff, Dr. Eva Haustein-Bartsch, Reinhold Hegemann, Klaus Bresser, Dr. Werner Burghardt sowie in der Organisation Axel Tschersich, Marion Trachsel, Fritz Krause, Ute Rühl, Christian Pommerenke, Anette Hofmann
Gesamtherstellung	MEDIA TEAM Gesellschaft für Kommunikation mbH
Chefredaktion	Heinz-Dieter Krage
Produktionsleitung	Mirko Emde
Grafik & Satz	Helmut Bessing, Martin Müller, Kerstin Rutscher
Bildnachweis	Autoren der Artikel, portraitierte Unternehmen, Jörn Everhard, Stadt Recklinghausen Hans Hoffmann, Wolfgang-Peter Reckzeh, Fotostudio Henning Schlottmann, Fotostudio+Fotofachlabor Waldemar Grabas, Siemens AG, Städtische Museen Recklinghausen, Dr. Ullrich, LÖBF, Heinz Wewering, Ruhrfestspiele Recklinghausen GmbH, Mario Del Curto, Jürgen Metzendorf
EBV, Litho & Belichtung	digitaltype GmbH, Darmstadt
Druck	Druckhaus Darmstadt GmbH
Papier	Rhein-Main-Papier GmbH & Co.KG, Bochum, Senden, Darmstadt. Papiersorte: EURO ART® matt, 135 gr./m².
Umsetzung für Internet	InMediasRes GmbH, Darmstadt

| ISBN-Nr. | 3-932845-16-1, Ausgabe 1999 |